EDAF
MADRID

THYLBUS

EL MISTERIO
DE LOS SUEÑOS

Una guía práctica para acceder
al significado oculto de los sueños

TABLA DE ESMERALDA
Bolsillo

Título del original francés:
LE MYSTERIEUX DOMAINE DES SONGES
ET LEUR INTERPRÉTATION PROPHÉTIQUE.

Traducido por:
M.ª LUZ GONZÁLEZ.

© 1973. Editions Dangles, París.
© 1985, Editorial EDAF, S.A. Jorge Juan, 30. Madrid, por acuerdo
   con EDITIONS DANGLES, París, Francia.

   Dirección en Internet: http://www.arrakis.es/~edaf
   Correo electrónico: edaf@arrakis.es

Depósito Legal: M. 1.477-1998
I.S.B.N.: 84-414-0277-9

PRINTED IN SPAIN   IMPRESO EN ESPAÑA

Gráficas Cofás, S.A.- Pol.Ind. Prado del Regordoño - Móstoles (Madrid)

ÍNDICE

— ◆ —

PREFACIO

◆

L A evolución de las ciencias psíquicas ha arrojado ya suficiente luz sobre los actos de premonición como para que no se permita considerar absolutamente vana la búsqueda de presagioso advertencias en la trama de los sueños

Por supuesto, creer, según las afirmaciones de una «Clave de los sueños», que ineluctablemente se morirá en el año porque se ha soñado perder los incisivos nos parece de una penosa ingenuidad.

Los antiguos practicantes de la onirocricia jamas siguieron un código formal y rígido; al contrario, aplicaban ante todo el gran principio del ocultismo: la analogía, y tenían en cuenta observaciones anteriores repetidamente verificadas, adaptándolas con flexibilidad y perspicacia a cada nuevo problema.

En ciertas condiciones psicofísicas —particularmente en la hipnosis—, el ser humano, como bien sabemos, muestra aptitudes para la precognición de acontecimientos futuros, así como para la percepción de cosas y de personas situadas fuera del alcance de sus sentidos físicos

De modo semejante, el sueño natural se acompaña a veces de perceptividad premonitoria. Es perfectamente admisible que las imágenes percibidas se traduzcan enton-

ces en el espíritu del durmiente bajo una forma más o menas vagamente simbólica, y no se necesita más para justificar la antigua creencia en el valor profético de las alucinaciones que pueblan nuestros sueños.

PAUL-C. JAGOT

¿QUÉ ES LO QUE PROVOCA LOS SUEÑOS?

Los estados internos.—Las excitaciones sensoriales—Los recuerdos.—Los deseos.—Las percepciones telestésicas.—Las percepciones premonitorias.

L A primera observación a tener en cuenta por el lector deseoso de analizar sus sueños es que, lejos de figurar constantemente en ellos el elemento premonitorio, resulta excepcional en la noventa y nueveava parte de los casos. En primer lugar, el sueño sufre los efectos del estado orgánico. ¿Goza usted de buena salud? ¿Lleva un régimen sobrio? ¿Se levanta y se acuesta a horas regulares? En ese caso, sus visiones nocturnas no tienen por qué presentar ningún carácter físicamente desagradable. Inversamente, toda anomalía funcional tiende a engendrar pesadillas. Por ejemplo, la pesadez de estómago suscita la imagen de un aplastamiento; el mal de garganta evoca el estrangulamiento o la decapitación; la hipertensión y la tensión vascular provocan la ilusión de un peligro inminente y crean una sensación de angustia análoga al miedo. En el mismo orden de ideas, la posición del durmiente influye sobre su estado psíquico. Es por ello por lo que las personas más bien robustas a quienes el sueño sorprende acostadas sobre el lado izquierdo sufren el efecto de la presión de su hígado sobre los órganos contiguos, lo que se traduce en disnea y en pavorosas visiones ante las que el corazón se acelera... a causa de la compresión de la vena porta.

Durante el esparcimiento nocturno, la silenciosa e incesante labor fisiológica activa algunas de sus modalidades, y cuando se fragua en nosotros cualquier mal, las reacciones especiales de la región amenazada a veces se hacen sentir claramente y crean siniestras visiones. Arnaldo de Vilanova percibió de este modo la formación de un neoplasma canceroso en el pie, cuyos primeros signos constató al despertarse de un sueño interrumpido por la mordedura de una víbora ficticia, en el lugar exacto donde brotaba el cáncer.

El segundo de los elementos determinantes de la formación del sueño es la sensación física percibida durante el mismo. Las experiencias de Hervey de Saint Denis y de Maury han demostrado que, lejos de estar obnubilados, los sentidos permanecen, mientras dormimos, mas o menos despejados. Un frasco de agua de Colonia destapado debajo de las narices de un durmiente le sugirió inmediatamente estar en El Cairo en la tienda de un perfumista; la audición de unos golpes dados en un triángulo de orquesta engendró en el mismo la ilusión de pasearse por una ciudad amotinada donde se tocaba a rebato. Existen obras enteras sobre la acción de las excitaciones sensoriales durante el sueño. Como el marco de este libro me obliga a ser breve, remito al lector a los trabajos de los citados autores.

En tercer lugar, nos encontramos con el gran almacén de accesorios de las fantasmagorías oníricas: la memoria. La inmensa reserva de nuestros recuerdos automáticamente se dispone a contribuir, durante la inconsciencia del sueño, atendiendo a la triple llamada de las sensaciones internas, de las excitaciones sensoriales exteriores y de las preocupaciones dominantes del estado de vigilia.

Un cuarto grupo de determinantes, sacados a la luz por los trabajos de Freud, son los deseos. Freud ve en cada sueño la expresión disfrazada de un deseo reprimido por las circunstancias. Sin admitir íntegramente esta generalización, puede decirse que el objeto simple o múltiple hacia el que tienden nuestras preocupaciones habituales orienta indudablemente la mayor parte de los sueños.

A estos cuatro factores de alucinaciones hipnagógicas, vienen a veces a unirse otros dos. Primeramente, las percepciones telestésicas que establecen entre el durmiente y un tercero una especie de intercomunicación mental. Camille Flammarion ha tratado ampliamente sobre la telepatía ejercida en el curso del sueño. A este respecto reunió y publicó cantidad de observaciones que se leen con sumo interés [1]. Un individuo se despertó penosamente impresionado: acababa de asistir a la agonía de uno de sus hermanos que residía lejos. Efectivamente, el acontecimiento había tenido lugar realmente en aquel mismo instante. Una mujer se durmió y se vio recibiendo y leyendo una carta de su hermana;

---

[1] *L'Inconnu et les problèmes* («Lo desconocido y los problemas») y *La Mort et son mystère* («La muerte y su misterio»), por C. Flammarion

el día siguiente le llegó tal carta —esta vez real—, reproduciendo la del sueño palabra por palabra.

Y por último el elemento premonitorio que, bajo la apariencia exacta, o más o menos enmascarado simbólicamente, traduce ciertas eventualidades que se preparan para el durmiente en un futuro inminente o lejano.

* * *

En principio, antes de buscar en el léxico tradicional una indicación *que, por otra parte, jamás debe ser tomada al pie de la letra, sino orientar los cálculos,* cada uno se esforzará en discernir, y después en eliminar, los elementos no premonitorios del sueño a interpretar.

Por todo lo que parece resultar de los cuatro primeros elementos definidos anteriormente, conviene renunciar a una interpretación profética y sacar simples índices sobre el estado de salud, sobre los agentes estesiógenos que le afectan mientras usted duerme, sobre las ideas obsesivas o fijas que se alejan durante la vigilia, etc.

Todo el que se ocupe de psicología tendrá interés en analizar cuidadosamente sus sueños esforzándose en detallar las determinantes de los mismos. Así mismo, se ve empujado a aprehender luminosas nociones sobre la asociación de las ideas y sensaciones. Se advierte, particularmente, que una impresión fugitiva recibida durante la vigilia e inmediatamente borrada por otras, en apariencia más profundas, puede en el curso del sueño rechazar a éstas, extenderse, trabajar el espíritu un poco más inten-

samente cada noche y después crear, a espaldas de la
consciencia, tendencias más o menos poderosas, de
las que a veces es muy difícil desembarazarse.

Únicamente las imágenes cuya formación resul-
te inexplicable mediante los datos ordinarios de la
psicofisiología pueden ser considerados como sus-
ceptibles de presentar un carácter premonitorio. Se
las interpretará ayudándose de las reglas generales
expuestas en el capítulo siguiente, y después de la
recopilación que le sigue.

ELEMENTOS DE ONIROCRICIA

Los sueños de presagios directos, simbólicos e inver-
sos.—La precisión de las imágenes vistas en sue-
ños.—El grado de emoción experimentada por el dur-
miente.—El dominio anormal, el normal y el supra-
narmal.—Los colores y los númneros.—La realización.

L A analogía de una imagen onírica con un hecho
futuro puede ser directa, simbólica o inversa.
Cada mentalidad refleja las virtualidades anunciado-
ras del porvenir según su condición receptiva. Los
antiguos lo comprendieron perfectamente, ya que
no interpretaban el mismo sueño de la misma
manera refiriéndose a dos hombres de condiciones
sociales diferentes. La observación personal revelará
a cada uno en cuál de los tres sentidos, directo, simbólico o inverso, ha de considerar sus sueños.

Supongamos que el objeto de sus preocupaciones presentes sea la obtención de un puesto, de una
demanda o de un favor cualquiera que usted deberá lograr a través de diversas dificultades y realizando un serio esfuerzo. Si posee condiciones especiales para sentir la premonición en el modo directo,
usted soñará, por ejemplo, encontrarse ya en posesión de aquello que desea y, al mismo tiempo, sentir una fatiga y una lasitud considerables; el modo
simbólico se traduciría mediante un sueño en el
que se vería corriendo largo tiempo tras un vehícu-

lo en marcha y al que terminaría dando alcance; finalmente, el modo inverso podría ilustrarse mediante el abandono del proyecto y el consiguiente contratiempo.

La mayor parte de los humanos tienen sueños simbólicos. En todos los casos en que la he observado, la inversión de los presagios me parece que coincide con un carácter temeroso o extremadamente circunspecto. En cuanto a la premonición por imágenes directas, sumamente rara, tiene lugar ya excepcionalmente cuando se prepara una eventualidad en extremo importante, ya habitualmente en ciertos sujetos predispuestos, entre los que se reclutan los médiums y los sonámbulos lúcidos.

Segunda regla: cuanto más claras y precisas son las imágenes vistas en sueños, más inevitables serán las fatalidades presagiadas.

En cuanto a la importancia para el soñador de las predicciones indicadas por sus visiones, se la puede considerar como proporcional al grado de emoción que dichas visiones hayan determinado en él. Le conciernen personalmente cuando es él quien actúa.

Un cuarto principio, resultante de numerosas observaciones, permite discernir a primera vista el carácter generalmente favorable o amenazante de un sueño: si éste comporta seres deformes o situaciones enojosamente *anormales,* indica algún desastre; en caso de que se desarrolle en un medio familiar, entre cosas y gentes que en nada afligen el entendimiento, el presagio es bueno, pero tanto mejor cuanto más bellas, agradables y estéticas hayan sido las imágenes. Finalmente, todo lo que raye en lo sobrenatural, en lo *supranormal,* indica —al igual que las estrellas en quiromancia— alguna fatalidad buena o mala que se impondrá al libre albedrío y marcará seriamente la vida.

Anotamos un quinto punto obtenido de la tradición: la derecha se interpreta favorablemente y la izquierda nefastamente; los colores claros y alegres anuncian regocijo; los sombríos y tristes significan próximos disgustos; los números impares son preferibles a los pares.

El cumplimiento de un presagio extraído de los sueños se pronostica de diversas formas. En ciertos casos se procede basándose en la noción de duración consubstancial a propósito del sueño. Por ejemplo, el hecho anunciado por la vista, en sueños, de un pájaro cualquiera, sobreviene al cabo de un tiempo igual al de la incubación y eclosión del huevo de dicho pájaro.

Igualmente importante es el momento en que el sueño tiene lugar. He aquí lo que dice al respecto Halil—el—Masri, según la tradición egipcia:

Lo soñado en ayunas o cuando el estómago no está sobrecargado de alimento, a la puesta del sol o algunos momentos después, o a la caída de la noche, se realiza en el espacio de 10 a 30 días:

— Lo que se sueña recién dormido, si es durante la digestión, resulta nulo;
— Lo que se sueña en el primer tercio de la noche a menudo queda sin realización, porque tiene lugar en el momento en que el sueño es más pesado;

— Lo soñado hacia la mitad de la noche, si es después de la digestión, es decir, tres o cuatro horas después de haber comido, tendrá una lenta realización;

— Lo que se sueña durante el último tercio de la noche tarda en realizarse entre un mes y un año;

— Lo soñado antes del alba se realiza en el espacio de una semana a un mes;

— Lo que se sueña al nacer el día se realiza entre un día y una semana;

— Lo que se sueña después de la salida del sol se realiza a lo largo del día;

— Lo que se sueña durante el día se realiza una hora después; lo soñado a mediodía a menudo se realiza inmediatamente;

— Los sueños más ciertos tienen lugar al alba o a mediodía.

Los árabes tienen en cuenta curiosas reglas, que vamos a leer, relativas a cada época del año.

1.° El mes de Moharrem (del 5 de enero al 3 de febrero) es propicio a las interpretaciones.

2.° El de Seffer (del 3 de febrero al 4 de marzo) no lo es y no se deben explicar los sueños, a menos que el soñador esté sumido en la pena o dolorido; en este caso la influencia del mes de Seffer no es mala, pero para un enfermo supone lo contrario de un buen augurio

3.º En Rabi-Auel (del 5 de marzo al 2 de abril) las consecuencias de los sueños son buenas siempre.

4.º En Rabi-Akher (del 3 de abril al 2 de mayo) los sueños propicios tardan en realizarse, mientras que los malos se realizan en seguida.

5.º El Gamad-Aouel (del 3 al 31 de mayo) es propicio, excepto para los negocios de compraventa.

6.º En Gamad-Akher (del 1 al 30 de junio), lentitud en la verificación de los buenos sueños.

7.º En el mes de Regheb (del 1 al 29 de julio) se abren las puertas del bien y los malos sueños quedan modificados, atenuándose o cambiándose a buenos.

8.º En el mes de Chaaban (del 30 de julio al 28 de agosto) los sueños nefastos se cumplen lentamente y los buenos rápidamente.

9.º El mes de Ramazan (del 29 de agosto al 27 de septiembre), dado que es aquel durante el que se abren todas las puertas de la providencia, los malos sueños son nulos y los buenos se realizan inmediatamente.

10.º En Chavual (del 28 de septiembre al 26 de octubre) se realizan rápidamente los sueños que pronostican duelos y muerte.

11.º El mes de Zelkede (del 27 de octubre al 24 de noviembre) no es propicio a los viajes, y los sueños relativos a ellos no deben ser escuchados; además, el soñador deberá tener prudencia, en especial si sus sueños anuncian dolores.

12.º El mes de Ziled Zilhedgé (del 25 de noviembre al 24 de diciembre) es un mes bendecido, y si el sueño anuncia un viaje, se hará sin pérdida de tiempo.

Finalmente, el día del mes lunar, nos dice el ocultismo, tiene cierta importancia desde el punto de vista onirocrítico. Efectivamente, la influencia de nuestro satélite predispone, según su posición, bien a sueños premonitorios, bien a simples alucinaciones hipnagógicas. Así pues, podrán consultarse los siguientes datos [1]:

L.N.   1 Enfermedades largas. Los sueños son jocosos.

2 Viajes positivos. Día benéfico para todo lo lunar. Los sueños quedarán sin efecto.

3 Aciago. Sueños inútiles.

4 Bueno para empresas acuáticas. Los sueños correspondientes solamente se realizarán si son buenos.

5 Día infausto y fatídico. Sueños dudosos.

6 Benéfico. Los sueños de este día no deben ser revelados.

C.C.   7 Día de resolución de una cosa. Los sueños se realizarán.

8 Día feliz para los viajeros. Los sueños serán verídicos.

---

[1] Según Papus.

9 Indiferente. Los sueños se realizarán en poco tiempo.

10 Venturoso. Sueños vanos.

11 Día indiferente.

12 Desdichado. Sueños verdaderos.

13 Desdichado. Sueños que se cumplirán en poco tiempo.

L.Ll. 14 Muy feliz. Sueños dudosos.

15 Indiferente. Sueños ciertos.

16 Día feliz. Sueños verdaderos.

17 No debe emprenderse nada este día. Los sueños se realizarán en tres días.

18 Enfermedades peligrosas. Sueños verdaderos.

19 Día de soledad. Sueños que se realizarán en poco tiempo.

20 Benéfico. Sueños verdaderos.

C.M. 21 Día de regocijos. Sueños inútiles y sin efecto.

22 Maléfico. Sueños verdaderos.

23 Día de gloria. Sueños falsos.

24 Indiferente. Sueños vanos.

25 Día maléfico. Sueños indiferentes.

26 Día maléfico. Sueños verídicos.

27 Bueno para las empresas. Sueños dudosos.

28 Día indiferente. Sueños vanos.

Combinando las cuatro fuentes de indicaciones que anteceden, se calculará el cumplimiento de los presagios.

Una última palabra: guárdese de ceñirse al sentido literal de las significaciones dadas más adelante para cada cosa vista, experimentada o ejecutada en sueños; por el contrario, amplíe la fórmula. Asistir en sueños a la propia boda es considerado comúnmente como signo de muerte. Debe entenderse como *cambio radical, término definitivo.* Las demás circunstancias del sueño precisarán el pronóstico.

Por lo demás, no existe hado implacable para aquellos que saben imponerse a sus deseos.

LÉXICO ALFABÉTICO
DE LOS PRINCIPALES SUEÑOS
Y SU SIGNIFICACIÓN

— ◆ —

Esta lista comprende los sueños
sobre cuya interpretación coinciden
los más reputados autores

ABANDONO. Abandonar una tarea comenzada presagia un enojoso resultado para las empresas en curso; abandonar la propia casa: beneficios; abandonar al marido o a la mujer: próxima satisfacción; abandonar la profesión: mala fe hacia el soñador, proveniente de una persona con la que el mismo mantiene relaciones de negocios. Ser abandonado: por los amigos: graves desazones próximas; por el (o la) amante: obtención de una cosa deseada; por el esposo o la esposa: alegría pasajera.

ABEJA. Significación general: provechos, beneficios. Capturaría: éxito; si el durmiente la ve entrar en su casa: desgracia para sus antagonistas; verla entrar en su colmena: herencia; regalarla: matrimonio ventajoso; ser picado por ella o matarla: situación amenazante.

ABEJORRO. Trampa en la que se caerá por aturdimiento.

ABETO. Presagio de un acontecimiento generalmente feliz o inesperado.

ABOFETEAR. Recibir una paliza: éxito en amor; darla: afrenta.

ABORTO. Uno de los presagios más penosos: un hombre que vea abortar a una mujer, o ayudarla, o decidir que se efectúe un aborto, debe esperar alguna enfermedad aguda o lesiones diversas. La mujer que se vea abortando sufrirá brutales decepciones.

ABRAZO. Véase BESAR.

ABRIGO. Sentido general: protección, influencia buena o mala. Determinar según el color.

ABURRIMIENTO. Presagio de calma y de tranquilidad.

ACARREAR. (a alguien). Apoyo moral prestado a un amigo.

ACEDERA. Presagio de prosperidad material, de éxito en los negocios.

ACEITE. Ver aceite: llegada de sucesos que se daban por descontados; derramarlo: la causa del soñador está perdida, sus esperanzas son vanas. Beber aceite anuncia alguna enfermedad; untarse de aceite: precauciones útiles, forma juiciosa de actuar; romper un vaso lleno de aceite: fallecimiento en la familia.

ACEITUNAS. El olivar visto en pie: buen presagio, paz, curación, buena marcha de los negocios, éxito fácil, reconciliación; cogerlas y comerlas: penas, tormentos; prensar aceitunas: beneficios; ofrecerlas prendidas todavía a un ramo: se evitará un conflicto.

ACOSTARSE. Verse acostado indica un próximo período de incertidumbre, de espera, cuyo desenlace se predecirá según la continuación de este sueño o ateniéndose al del día siguiente.

ACUÑAR. Próximos resultados de un esfuerzo considerado ineficaz hasta el momento.

ACUSAR. A alguien: señal de disgustos; ser acusado: trampa o engaño que se conseguirán evitar.

ADIVINACIÓN. Hacer el propio horóscopo, consultar por sí mismo las cartas o cualquier otro medio adivinatorio: presagia angustias, inquietudes, largas esperas, retrasos, indecisión. Predecir a los demás: aquellos a quienes se indica su suerte serán útiles a quien ha tenido el sueño.

ADORMIDERA. Fraude.

ADORNOS. Buen sueño para las mujeres, al menos silos adornos con que se engalanan en el sueño no parecen pesados; para los hombres no tiene ninguna significación.

ADULACIÓN. El acto de adular a los otros es bueno para el éxito de los proyectos del que sueña; escuchar cómo le adulan a uno es de mal augurio. La persona que adula en sueños debe incitar al que lo ha soñado a desconfiar de ella.

ADULTERIO. Cometer uno: proyectos que no se realizarán; ser víctima de él: provecho o beneficio obtenido de una persona malintecionada con res-pecto al que lo sueña.

ADVERSIDAD. Soñar que se es perseguido por la adversidad significa la inminencia de un éxito inesperado.

AFEITAR. El hecho de afeitarse o de ser afeitado por el barbero significa una modificación radical de un elemento indeterminado de la vida del soñador; a veces son las inquietudes las que serán eliminadas; en otros casos se trata de que perderá dinero inopinadamente. Prestar atención a las demás circunstancias del sueño.

AFILADOR. Ver a algún individuo ejerciendo este oficio u otra cualquiera de las mil pequeñas habilidades que sustentan a los necesitados: disgustos que sobrevendrán al soñador a causa de un incidente próximo a su domicilio.

AGONÍA. La persona que se ve agonizar en sueños puede esperar considerables progresos materiales: su situación en este sentido mejorará notablemente.

AGRESIÓN. Ser asaltado, desvalijado o algo semejante: uno de los amigos del que sueña será golpeado por la desgracia en poco tiempo.

AGUA. Presagio general: abundancia, fertilidad. Derramar agua: prodigalidad. Ver la tierra absorbiendo agua: grandes pérdidas de dinero o situación desesperada. Recibir agua en un vaso: nacimiento. Llevar un recipiente con agua: representa los bienes del soñador. Una mujer que sueña tener un vaso que su marido llena de agua debe ver en esto un signo de embarazo. Recibir en la cabeza algunas gotas de agua: peligro para el durmiente. Soñar con inundación: robos. En una casa donde hay un enfermo, soñar que se ve subir el agua es signo de muerte. Agua corriendo por una tierra cultivada: fecundidad excepcional. Agua rezumando por las paredes de un inmueble: duelo por alguno de los amigos del que lo sueña. Andar sobre el agua: se atravesará un período peligroso. Caer en el agua: muerte.

ÁGUILA. El vuelo del águila visto en sueños se interpreta analógicamente con los asuntos del soñador. La altitud del vuelo es proporcional a la importancia de los acontecimientos que se preparan; la rapidez del movimiento de traslación significa la del éxito. Así, ver a un águila volar lentamente e interrumpir a veces su vuelo anuncia lentitud y retrasos. La inmovilidad del águila presagia detención, fracaso, resultados nulos. Su caída entraña la de los proyectos del durmiente, y si se abate pesadamente sobre el mismo, grandes desgracias. Ver un águila posarse sobre la propia cabeza anuncia, según varios autores, una muerte muy próxima. Lesiones producidas por un águila: adversidad; si las heridas son en el rostro: peligro mortal.

AGUJA. Ver cierto número de ellas despuntadas: disgustos sentimentales; si están bien aguzadas: reparación de un agravio recibido en el pasado. Verse a sí mismo afilando una aguja: matrimonio o unión libre. Pinchazo de aguja: embarazo. Tragarse una aguja: enfados por indiscreción, confidentes mal elegidos.

AGUJERO. Véase CAVAR.

AHOGADO. Ver un naufragio; soñar con uno o varios ahogados: herencia, obtención de un cargo o puesto perteneciente a un individuo que acaba de morir o morirá en breve.

AHORCADO. Ver uno o varios ahorcados: presagio siniestro.

AIRE. Perfectamente límpido, dulce y apacible: augura un período próspero, un feliz viaje o la recuperación de un objeto extraviado. Aire rojo: perturbaciones en el lugar en que se reside. Aire brumoso: peligro por falta de circunspección. Aire oscuro: discordia con alguien de quien se depende. Aire frío: pérdida de un amigo. Aire agitado: amenaza que se cierne sobre la persona del que sueña.

ALARIDO. La audición de alaridos previene de un peligro: invita a la vigilancia y a la desconfianza.

ALAS. Si se vuela por medio de alas, sobre todo cuando este sueño es frecuente, es signo de un destino que elevará al durmiente; incluso aislado, este sueño asegura la obtención de algún cargo provechoso. Ver alas: peligro evitado.

ALBA. Asistir a la salida del sol: término de la adversidad, de una desazón, o comienzo de un período favorable.

ALBAÑIL. Verse ocupado en el trabajo ordinario de los albañiles presagia que se va a emprender una obra de larga duración, y también éxito debido a esfuerzos innumerables pero poco penosos.

ALEGRÍA. Este sueño debe ser interpretado con relación al estado de ánimo ordinario durante el estado de vigilia. Sentirse alegre en sueños cuando se tienen múltiples molestias indica que éstas van a atenuarse. Si, por el contrario, se vive apaciblemente, soñar que se disfruta de una alegría desacostumbrada presagia: cesación de esa tranquilidad a consecuencia de una falta de vigilancia.

ALEJARSE. Véase ABANDONO.

ALFILERES. Se interpreta lo mismo que espina, pero unido a pequeñas dificultades, y a leves cuidados sin gran importancia.

ALGODÓN. Enfermedad.

ALIENTO. Sentir el aliento de otra persona promete un favor o una desgracia, según que dicho aliento sea agradable o nauseabundo Perder el aliento en el curso de un esfuerzo: angustias próximas.

ALIMENTOS. Si son agradables de tomar, debe verse en ello el signo anunciador de acontecimientos tanto más satisfactorios cuanto más exquisito sea su sabor. Inversamente: alimentos amargos: molestias y sufrimientos; de sabor muy fuerte: enfermedad que precisa dieta; muy calientes: agobios, agitaciones; desagradables: pobreza; intolerables: peligro de muerte. Si se ve uno tragando los alimentos, sus presagios se acentúan; si, por el contrario, se rechazan o se escupen, los presagios quedan anulados. Beber un alimento líquido de gusto deleitoso promete salud y longevidad.

ALMENDRAS. Verlas: dificultades próximas; extraerlas de su cáscara y comerlas: ganancias, provechos. La dificultad o facilidad que ofrezcan para cascarlas y el gusto más o menos agradable que tengan son análogos, respectivamente, a las dificultades o a los beneficios anunciados.

ALMIZCLE. Presagio de voluptuosidades, de pasiones sensuales, de una existencia gozosa.

ALQUITRÁN. Anuncia: curación para un enfermo, nuevos bríos para los deprimidos, ayuda eficaz para aquellos a quienes persigue la adversidad.

ALTAR. Buen presagio. Altar derribado: derrota, abatimiento, pobreza. Elevar uno: acontecimientos felices para la región, nacimiento (refiriéndose siempre a un altar destinado al culto a que pertenezca el interesado).

ALTERCADOS. Tener en sueños un altercado con un amigo muy íntimo augura que se estrechan los lazos de una amistad; con cualquier otra persona, este sueño es anunciador de auténticas disensiones.

AMANTE. Presagio de satisfacciones amorosas para quien no tiene ninguna ligazón ni atadura sentimental. Para cualquiera que ya tenga amante: inquietudes, discordia, engaño, enfermedad; todo esto se intensifica con respecto a las personas casadas.

AMIGOS. Un coloquio de varios amigos del durmiente le previene de una especie de complot, de acuerdo, dirigido contra él. Si uno de ellos le da alguna cosa en sueños, el soñador habrá de esperar obtener mediante ese amigo ventajas análogas al valor de lo recibido.

AMORTAJAMIENTO. Si, en sueños, se ve amortajar a alguien: el durmiente se casará en breve; si se ve amortajar a sí mismo, muerto: muy buen presagio para el futuro; pero ser enterrado vivo significaría envenenamiento o calumnia respecto al durmiente.

AMPUTACIÓN. Injusticias, maledicencias, calumnias, pesares inmerecidos para la persona amputada.

ÁNGEL. Contemplar uno o varios: excelente presagio que se interpretará en el sentido de una realización codiciada. Aún mejor si parecen expresar contento y beatitud: entonces significa curación para un enfermo, libertad para un prisionero y, en general, ser liberado de un obstáculo. Si, en sueños, uno o varios ángeles manifiestan al durmiente amistad y favor, su destino experimentará un venturoso giro. Ver un ángel en la casa advierte al soñador de que un familiar cercano intenta ocasionarle un agravio. Si se ven ángeles tristes o irritados, o si se entabla una lucha con ellos, o bien si su aspecto inspira espanto, habrá que esperar grandes pérdidas o verse mezclado en algún asunto feo.

ANGUILA. Verla viva y alerta en el agua, sobre todo si el agua está clara: el soñador recibirá dinero con el que no contaba; intentar cogerla y no conseguirlo de ningún modo: buen presagio para las amistades; la anguila muerta o vista fuera del agua: una venganza satisfecha causará grandes disgustos.

ANILLO. Con arreglo a la personalidad del durmiente, un anillo significa matrimonio, seguridad conyugal, satisfacción amorosa. Si una mujer sueña con un anillo de plata: nacimiento de una hija.

ANTIGÜEDADES. Herencia o recepción de un regalo.

APARADOR. Lleno: las dificultades desaparecerán; vacío: obstáculo, nuevas dificultades.

APARTAMENTO. Claro y agradable: buen presagio para el cónyuge; oscuro o en mal estado: cólera o maldad del hombre o de la mujer en quien se está interesado personalmente. Apartamento con el suelo húmedo: desazones causadas por una mujer. Ver un local que se conoce más grande de lo que es: presagia extensión de las rentas. Habitación desconocida: enfermedad; si dicha habitación está encalada: peligro de muerte. Encontrarse en una casa sin techo y ver el firmamento: matrimonio para quienes la habitan. Verse edificando algún local: curación de enfermedades. Objeto que cae desde el exterior en casa del durmiente: regreso de un ausente.

AQUELARRE. Este sueño, en un estado de ánimo curioso desde el punto de vista caprichosamente decorativo de los aquelarres legendarios, anuncia un período de existencia apática; asistir al aquelarre tomando parte en él y experimentando cualquier tipo de emoción —temor, satisfacción, perversidad—, sea el que sea: desequilibrio mental.

ARADO. Éxitos, fecundidad, buenos negocios.

ÁRBOLES. Árboles bellos, en plena floración o cargados de frutos bien logrados: prosperidad familiar o ganancias de dinero y salud para aquellos que interesan al soñador. Inversamente, los árboles arruinados, con las ramas rotas y la corteza desprendida, significan desdichas en la casa. La caída, el quebranto, la combustión de un árbol, su deterioro a causa de una tempestad, indican un homicidio o una muerte prematura en casa del durmiente.

ARCO IRIS. Visto por el Oriente: curación para los enfermos y ayuda para los pobres; por el Occidente: aumento de bienes para los ricos y nuevas cargas para los demás. Visto sobre la cabeza, el arco iris anuncia: peligro que amenaza al soñador.

ARDILLA.   Ladrón; presagio de hurto o de tentativa de seducción con respecto al cónyuge.

ARENA.   Véase POLVO.

ARENQUE.   Sorpresa; acontecimiento fortuito.

ARMADURA.   Verla: seguridad personal; llevarla puesta: esterilización de los esfuerzos de los adversarios.

ARMARIO.   Vacío: próxima supresión de rentas con las que se contaba; cerrado: seguridad absoluta. Lleno de ropa blanca: inquietudes y alteración de la salud; lleno de telas de colores: próximos beneficios.

ARMAS.   Honores, obtención de cargos elevados. Verse sin armas en medio de una muchedumbre armada: servidumbre; por el contrario si se llevan armas y se pasa entre personas que están desprovistas de ellas, el sueño presagia que pronto habrá de asumirse una dirección. Recibir un disparo anuncia ventajas inesperadas si no se siente ningún efecto; en el caso contrario significa desgracia imprevista. Servirse de un arma indica éxito si sale el disparo y fracaso si falla.

ARRANCAR.   Esta acción, en sueños, simboliza cualquier tipo de ventaja que se obtendrá del destino.

ARROYO.   Al parecer, los anémicos y los físicos sueñan frecuentemente con arroyuelos de aguas susurrantes. Por tanto, proféticamente este sueño sólo debería tener valor para los demás; su sentido general es: alegría, animación, elementos amables de la vida.

ARROZ. Significa éxito después de mucho penar, pero forzosamente triunfo final. Es un buen sueño para las personas perseverantes y duras en el esfuerzo.

ASAMBLEA. Si se ve uno en pie ante ella: acusación para el durmiente; si se la ve sin mezclarse en ella: amor amenazado.

ASESINO. Indica una fatalidad buena o mala, dependiendo de los demás elementos del sueño; si uno se ve acometido por un homicida: uno de los amigos del soñador corre grandes peligros.

ASFIXIA. Sufrirla: se corren graves peligros, pero no hay ningún resultado penoso; ver gentes que se asfixian: molestias a causa de importunos.

ASIENTO. El asiento sobre el que uno se sienta en sueños equivale a la situación que ocupa en la vida. Se juzgará el futuro próximo según el aspecto y solidez del asiento.

ASNO. Ver varios asnos: querella con los colaboradores o con los subordinados. Asno errante: desconocido. Asno que el durmiente compra o que le pertenece: presagio, tanto mejor cuanto más bonito sea el animal. La audición de un rebuzno anuncia alguna afrenta. Caerse de un asno significa fracaso; maltratar o matar a uno de ellos anuncia algún rudo golpe de fortuna. Los orientales adjudican un sentido singular a la burra: así, ver parir a una, indicará prosperidad; cabalgar sobre una burra preñada, dice Halil-el-Masri, anuncia al durmiente que su mujer está encinta, pero si ve que la burra pare un animal que no es de su especie, la mujer lleva en sus entrañas un niño de otro.

ASOCIACIÓN. Generalmente bueno si se experimenta sosiego al asociarse, pero si es con un hombre de personalidad demasiado semejante a la del soñador es presagio de una rivalidad enojosa. Asociarse con una mujer: esterilidad para el cónyuge.

ASTROS. Todos los astros que se vean ante sí y muy resplandecientes anuncian elevación, éxito, satisfacciones; si son poco brillantes o están situados a los lados o detrás del soñador: infortunio, enfermedad, duelo. Los orientales afirman que ver en sueños el Sol y la Luna yendo uno delante del otro significa amenaza de guerra.

ATAR. Soñar que se encuentra uno lleno de ataduras significa alguna dependencia actual cuya solidez está en relación con la de las ligaduras en el sueño; romper estas ligaduras presagia liberación. También hay que tener en cuenta el lugar en que se encuentra uno atado, así como la naturaleza de los lazos. Atar a alguien: injusticia que se cometerá, uso de la arbitrariedad.

ATAÚD. Cito textualmente a Halil-el-Masri. Ver un ataúd en un mercado o en una feria: todos aquellos a quienes se vea allí son hipócritas. Ver uno en medio de un cortejo fúnebre, encaminándose hacia el cementerio cuyo destino se conoce: créditos que se encajonarán. Ver gran número de ellos en un lugar: signo de corrupción y depravación de dicho lugar. Ataúd que camina solo: viaje por agua. Ver uno que va solo por los aires: muerte misteriosa en el extranjero de un gran personaje o un gran hombre perteneciente al país del soñador. Ver dentro de un féretro a una mujer que no está muerta: próximo matrimonio para ella si es soltera o viuda. Ser alzado en un ataúd es siempre signo de honores o de elevación. Soñar que, estando vivo y completamente vestido, se encuentra uno en un ataúd: fin próximo. Soñar que se está en un ataúd, pero sin llegar a ser elevado: encarcelamiento. Este ejemplo, extraído de uno de los clásicos de la oniromancia, deja ver entre líneas la dirección de la interpretación.

AVELLANAS, NUECES. Significan un objetivo accesible a cambio de múltiples dificultades. Así mismo, indican desavenencias, agitaciones, pequeñas molestias.

AVENA. Beneficios secundarios.

AVISPA. Disgustos ocasionados por malevolencia.

AXILAS. Ocasión próxima de placeres voluptuosos.

AZADÓN. Según los diversos autores, se refiere a un criado del soñador, a su enemigo, o bien a la cosa más útil en su condición. Debe observarse qué es lo que ocurre con el azadón soñado y adaptarlo a las otras constancias del sueño.

AZAFRÁN.   El azafrán es signo de bienes y de razonamientos caritativos, o de alegrías seguidas de duelos; a veces este sueño es una advertencia al soñador, a fin de que prepare una cosa de la que va a tener necesidad. Teñirse el cuerpo con azafrán: es signo de penas y dolores. (Halil-el-Masri, *loc. cit.*)

AZÚCAR, DULCES.   Presagio de voluptuosidades.

AZUFRE.   La vista o el olor del azufre deben disipar las sospechas celosas del soñador, puesto que indican: fidelidad.

BAILE. Mal sueño; signo de próxima desgracia. A un enfermo le anuncia que su estado va a empeorar; a una mujer: escándalo; a un hombre joven: angustias sentimentales. La vista en sueños de un baile donde se ve bailar a los demás sin tomar parte uno mismo en la diversión, según la tradición significa herencia.

BALA. Beneficios inesperados.

BALANZA. Litigio, sospechas de las que será objeto el durmiente; apelación a su arbitraje.

BALÓN. El soñador conseguirá algo inesperado en un futuro lejano aun.

BANCO. Presagio de pérdidas pecuniarias.

BANDERA. El color de esta bandera proporciona una primera indicación; su estado suministra la segunda. La bandera indica hacia dónde van encaminados los esfuerzos del soñador; de este modo, si se trata de su bandera nacional significa que va buscando la consideración pública; una bandera de color oscuro: ocupaciones materiales, búsqueda de beneficios, etc. Tener una bandera siempre indica algún tipo de éxito.

BANQUETE. Nuevas relaciones en asuntos de negocios.

BANQUETE FÚNEBRE. Augurio de una buena acción cuya ocasión se presentará de un momento a otro.

BAÑERA, BAÑO. Tanto el baño como la bañera representan una nueva condición en la que habrá de encontrarse el soñador. El baño frío, siempre que no cause ninguna impresión desagradable, indica prosperidad; tibio y placentero: unión próxima; demasiado caliente: enfermedad; demasiado frío: desdichas.

BARBA. La barba vista en sueños simboliza el poder personal de realización del soñador. Así pues, una barba espesa, negra, bien cortada, indica el éxito de los negocios en curso; siempre bella, pero de un tinte uniformemente claro significa dinero ganado sin esfuerzo; el tinte rojizo significa exceso de escrúpulos materialmente nocivos; el tinte amarillo augura males para la fortuna; si tiene pelos verdes entremezclados, fracaso después de un triunfo. Toda anomalía en el aspecto de la barba es de mal presagio; igualmente, una mujer que soñase tener barba sufriría contratiempos amorosos seguros. Afeitarse, si se hace con placer: disminución de las inquietudes; si se ve uno obligado a hacerlo sin ganas: empresa desafortunada.

BARBERO. Intervención, a favor del durmiente, de un hombre con influencias.

BARCO. Simboliza los medios que sirven a la voluntad o la embotan. Soñar que se posee un barco significa que no se está desprovisto de medios de acción; navegar en este barco en buenas condiciones, y sobre todo si se le dirige con facilidad, exactamente como se quiere, es un excelente presagio. Algunos autores lo traducen como: certidumbre de escapar a cualquier disgusto o contratiempo. Navegar, por tierra o por aire, es decir anormalmente, anuncia las trabas que entorpecen los designios del soñador y la insuficiencia de los métodos de que éste se sirve.

BARRER. El acto de barrer hacia fuera de la casa anuncia intereses profesionales si las basuras representan un valor inmediato o el poder; barrer en la propia casa o apartamento anuncia la destrucción de la casa misma, o el fallecimiento del propietario, o bien de alguien que resida en el lugar.

BARRO. Siempre desfavorable, a menos que en el curso del sueño no aparezca más que por alusiones. El barro representa las circunstancias disolventes y aniquiladoras. No olvidar las reglas generales de interpretación.

BARROTES. Se recibirán noticias que eran esperadas, pero serán desagradables.

BAUTISMO. Ver bautizar: ha llegado el momento de tener que pagar las consecuencias de un error. Ser bautizado: peligro evitado.

BAZAR. Verse en un bazar que se ha visitado en estado de vigilia indica preocupaciones relativas a la casa del durmiente; en un bazar desconocido: partida.

BELLOTA. Éxito después de dificultades.

BESAR. Besar a un hombre joven o a un hombre que no ha sido especialmente elegido: se obtendrá algún beneficio a través de él; besarle con simpatía: presagio inverso. Besar a una jovencita: grandes satisfacciones. Besar una casa, según la tradición, significa la obtención de los favores de una mujer. Besar a un muerto: si es conocido: el soñador vivirá largos años y recibirá bienes por herencia. Ser besado entre los ojos: signo de matrimonio; en la boca: imprudencia en amor.

BIGOTES. Más grandes que en la realidad: incremento de los bienes; más pequeños: debilitación, empobrecimiento. Si le son afeitados al que sueña: pérdidas de parientes; si se los afeita él mismo: remisión de inquietudes y penas inútiles. Una mujer que sueña tener bigotes romperá con su pareja o hará un matrimonio desdichado.

BIOMBO. Indisposición pasajera; más especialmente anuncia determinadas fechas.

BOCA. Se interpreta según su aspecto: bella, adornada con dientes blancos y simétricamente colocados: salud, equilibrio; grande: bienes materiales; pequeña: malestar; de aspecto desagradable: desesperanza próxima; inmóvil calma, tranquilidad;

animada: agitación, placeres; llena de agua: muerte próxima.

BODA. Generalmente malo. Siempre analizando la emoción que se experimenta. Soñar que se toma parte en un banquete de bodas o en el baile tradicional, aburriéndose: el soñador se verá mezclado en desdichas que no le alcanzan; por el contrario, si participa en el regocijo general: signo negativo.

BOJ. Plantarlo: buen presagio; recibirlo: ayuda moral. Ver como lo bendicen: muerte.

BOLSA. Llena y cerrada, simboliza un secreto que tiene interés en guardar aquél en cuyas manos se encuentra. Naturalmente, si se ve que la bolsa es abierta, el secreto será divulgado.

BOLSILLO. Lleno: apariencia engañosa. Tener este sueño cuando se considera terminado un asunto enojoso, indica que volverá a aparecer sobre el tapete. Los bolsillos agujereados presagian disminución de ganancias, pérdidas e indigencia.

BORDADO. Verse bordando: ambiciones que preocupan al durmiente; una mujer que borda: retorno de la fortuna.

BORRACHERA. Soñar que se está borracho, dice Halil—el-Masri, presagia temores y penas. Además, añade, este sueño se considera como el pronóstico de una condena o de atroces calumnias. Según el mismo autor, emborracharse bebiendo agua significa: fortuna próxima; con bebidas dulces: honores y riquezas provenientes de un gran personaje. Estar borracho y desgarrarse las vestiduras: se cometerán inconveniencias.

BOTELLA. Signo de alegría, de fiesta y de disipación si está llena; de enfermedad si está vacía.

BOTÓN. Si se trata de un botón de flor: obtención de una persona o de una cosa codiciada, la cual hará sufrir más adelante; botón de vestido: beneficios inesperados.

BÓVEDA. Una bóveda de mampostería, sobre todo si su acceso y su trayecto están bien claros, significa la solidez de la posición social, financiera o personal del soñador frente a las dificultades de la vida o de los adversarios, rivales, etc., que pueda tener; una bóveda oscura en la que el durmiente se viera tropezando en un suelo desigual y chocando a veces con la piedra anunciaría un período de pesadas dificultades cuyo desenlace sería incierto, si en el curso del sueño no se alcanza la salida del subterráneo

BRAZALETES. Un círculo significa siempre una red de circunstancias de la que es preciso salir, pero, así mismo, indica los recursos energéticos requeridos para luchar dignamente. Este presagio no es temible en sí ni mucho menos: sólo anuncia: luchas, dificultades, dependencia. Para una mujer es un buen signo cuando ansía una unión con un hombre poderoso.

BRAZOS. Generalmente: unión, amistad, fraternidad. Si uno se ve provisto de brazos sólidamente musculosos: fuerza, triunfo; más largos de lo que son en realidad: aumento de los medios de acción; más cortos: contratiempo, infortunio; brazos cortados: destrucción o ruina. Un solo brazo amputado: pérdida de un allegado masculino si es el derecho, y femenino si se trata del izquierdo.

BROCHE. Servirse de él: remuneración muy amplia por servicios prestados o por un trabajo.

BROMISTA, BROMA. Generalmente, la hilaridad experimentada en sueños significa una salud equilibrada. La única cosa susceptible de suministrar un presagio a propósito del rito onírico es la de la ocasión en que se ríe.

BRONCE. Seguridad en la continuación del éxito; buen presagio para la estabilidad del porvenir.

BUDÍN, PASTA. Estos alimentos, y en especial el segundo, anuncian la salud y la prosperidad si se comen; en cambio, confeccionarlos tendría otro sentido: enfermedad gastrointestinal.

BUEY. Generalmente, un buey con cuernos predice beneficios y un buey sin cuernos empobrecimiento. Según que sea blanco o negro, gordo o flaco, apacible o furioso, se interpretará con arreglo a las pautas generales indicadas al comienzo de este libro. Un buey que salta sobre el dur-

miente, le muerde o le hiere: amenaza de enfermedad crónica. Soñar con bueyes que duermen
anuncia mal tiempo. Degollar un buey: triunfo
sobre el enemigo.

BÚHO.   Véase LECHUZA.

BUITRE.   Representa a un enemigo peligroso del
que no se debe esperar ninguna consideración; o
también una circunstancia temible, un período
de adversidad. Si el animal visto en sueños permanece neutro, tomar el presagio como una
advertencia de mantenerse en guardia; si hay
combate, se interpretará según el desenlace.

CABALLERO. Si se apea de su montura: pérdidas; si se queda inmóvil en tierra: heridas; montar a la grupa, detrás de un caballero, indica una protección tanto más eficaz cuanto más robusto y alerta se le vea en el sueño.

CABALLO. Montar a caballo: augura múltiples empresas amorosas del durmiente, y si el caballo está ricamente enjaezado indica provechos relacionados con una unión. Los caballos enganchados o ensillados, pero sin caballeros, anuncian una muerte; el mismo significado si un caballo habla al soñador. Cabalgar sobre un animal sin freno o realizar alguna carrera en pelo puede indicar una catástrofe, a menos que el sueño termine en una marcha tranquila y mesurada donde el durmiente tenga la impresión de gobernar totalmente su montura. Un enfermo que sueñe ser llevado por un caballo a través de los bosques verá agravarse su estado; por el contrario, si se ve recorriendo una ciudad curará en breve.

CABAÑA. Aislamiento: labor sosegada, anuncio de un período contemplativo y sereno.

CABARET. Influencias o circunstancias deprimentes.

CABELLOS. Los autores son prolijos a este respecto. Vamos a remitimos a los trabajos de Halil-el-Masri, ya citado anteriormente:

Tener los cabellos negros: quiere decir que se es amado por el marido o por la mujer. Cabellos blancos: nacimiento de un hijo; para las personas jóvenes: feliz retorno de un ausente. Si una mujer casada sueña que tiene todos los cabellos blancos: infidelidad de su marido; en el caso de que hasta entonces haya sido fiel: será seducido por una mujer. Arrancarse los cabellos blancos: abandono del camino recto. Cabellos lisos y con buen aspecto: honores y riquezas; enmarañados y en desorden: desperdigamiento de los bienes. Cabellos ungidos y perfumados significan que se habla mucho acerca de su belleza. Algunos son de la opinión de que tener los cabellos mal peinados, enredados, etc., es presagio de molestias, de dolores, de ultrajes y de reveses. Soñar que se caen los cabellos: enfermedad, pérdida de bienes; si se caen todos: además se perderá la reputación. Para una mujer casada, soñar que enseña sus cabellos es señal de ausencia de su marido; si los muestra durante mucho tiempo: la ausencia será indeterminada; este sueño anuncia a aquellos que no están casados que quizá no se casarán nunca. Mostrar públicamente una gran cantidad de cabello: deshonor.

CABEZA. Verse en sueños con una cabeza más fuerte y más bella que en la realidad: es de buen augurio para la situación del durmiente; verse una más pequeña o menos agraciada que la verdadera es de significación contraria; ver cabezas cortadas anuncia una próxima dignidad, mando, ascenso, nuevos cargos, etc. Soñar que a uno mismo le cortan la cabeza o que carece de ella es buen signo también: pérdida de la actual situación para ocupar una mejor.

CABRA. Blanca: Fortuna; negra: descalabro, enfermedad, contienda jurídica en perjuicio del durmiente. Ver un gran número de cabras: presagia riqueza; una cabra gorda indica una mujer rica; una cabra. enjuta o enferma significa una mujer de condición mediocre.

CABRESTANTE. Un cabrestante representa en sueños las fuerzas contra las que irán dirigidos los próximos esfuerzos del durmiente. Si éste ve que al probar su vigor siente una sólida resistencia, llegará a la conclusión de la necesidad que se le impondrá de combatir a un adversario —o un elemento de antogonismo— que le causará molestias. El resultado de las tentativas con el cabestrante significa el del trabajo que aguarda inmediatamente al soñador.

CABRITO. Simboliza a un recién nacido. Una mujer encinta debe ver en ello un presagio de feliz alumbramiento.

CADENA. La decimosegunda carta del Tarot (el colgado) ofrece una gran analogía con este sueño que evoca la esclavitud mágica, es decir, la inseparable consecuencia de todo pacto tácito o formal con un orden de eficiencia cualquiera. Más especialmente: pecado cuyo castigo está próximo; desgracia inminente que ha sido determinada en el pasado. Romper una cadena: liberación tras un esfuerzo.

CAFÉ. Buen presagio para el valor moral e intelectual del soñador; éxito en los exámenes, fama profesional, brillantes logros de una inteligencia cerebral. La tradición dice que un cafetal representa un dispensador de saber.

CAÍDA. Soñar que se cae en tierra: desgracia, revés, resultado negativo de una conjetura. Caída en el agua: grave peligro. Caer en el barro: decepción, promesa no realizada, falta de palabra. Caer de lo alto, desde un punto elevado significa, evidentemente, la llegada de la adversidad a continuación del éxito, pero si la caída tiene lugar en una excavación, un pozo por ejemplo, el presagio tomará un carácter trágico.

CAJA. Profusamente llena de objetos diversos es indicio de viaje; vacía: próxima desilusión.

CALABOZOS. Peligro latente y poco ostensible; llamada a la prudencia y a la circunspección: revisión de los propios planes.

CALAFATEAR. Verse calafateando, o asistir a un ca-lafateado que se ejecuta por cuenta del durmiente, significa que ciertas precauciones tomadas con anterioridad van a servirle para evitar disgustos.

CÁLCULO. El cálculo al que el durmiente se dedica en sueños representa el estado actual de sus negocios; si llega a una solución es un buen presagio, pero si sueña tener un mal inaudito y no encontrar nada satisfactorio, el soñador deberá hacer frente a una situación embarazosa.

CALENDARIO. Constancia en los estados de ánimo de la persona que lo posee o lo consulta.

CALLE. Calle, Camino, Carretera, Bulevar, etc. Este sueño se refiere siempre al camino de la vida. Ir por una calle amplia y bonita: signo de rectitud en las actuaciones del soñador. Marchar por una calle o un camino que no se conoce: incertidumbres en materia religiosa y también acerca de la propia posición. Reconocerse en ella y marchar con seguridad: retorno a la piedad, y enderezamiento de los negocios. Camino impracticable: actos prohibidos. Calle oscura: camino de perdición, de falsedad, de injusticia y de tiranía. Cierta categoría de autores mantiene la opinión de que un camino impracticable, lleno de obstáculos, en zigzag, si se recorre fácilmente indica el triunfo y el allanamiento de las dificultades en la vida. Camino derecho y sin impedimentos: éxito. (Halil–el–Masri, *loc. cit.*)

CALMA. El sueño en el que se goza de una perfecta calma, de un bienestar físico y moral agradable significa evidentemente un buen estado orgánico, pero, así mismo, indica una atención insuficiente y una falta de precaución y de circunspección.

CALVICIE. Verse calvo e imberbe: contratiempo, afrenta. Si se sueña tener desprovisto de vellosidad sólo el lado derecho: pérdida de un pariente masculino; si se trata del lado izquierdo: perdida de pariente femenino.

CALZADO, BOTAS. Las botas de trabajo representan un desplazamiento o a alguien que ayuda al soñador a marchar por la vida; las botas lujosas significan una mujer. Así se explican todos los presagios (ciertos autores se extienden a lo largo de cien líneas sobre el particular) extraídos de este sueño. Indicamos algunos significados más: calzado fino encima de una cama: amor adúltero del durmiente. Perder una bota mientras se va andando: incidente desagradable durante un viaje o disensiones con un socio. El sentido deductivo del lector sabrá formular otras predicciones con arreglo a los casos que se le presenten.

CAMA. Se interpreta como presagio, bien de una enfermedad, bien de cualquier cosa que concierna a la vida íntima del interesado. Deberán examinarse las demás circunstancias del sueño. Generalmente, si la cama soñada es de color oscuro, si parece en mal estado, si la pieza donde se encuentra resulta sombría, es el indicio de una alteración próxima de la salud; una cama alegre, adornada, en un medio agradable a la vista, significa intimidad. Así pues, cama nueva: nuevos amores: cama rota: luto en el corazón, o incluso muerte de la mujer, etc.

CAMELLO. Ver uno: viaje; si vocea: excelente signo para el viaje y los beneficios que de él pueden obtenerse. Una joven que sueñe con camellos se casará, porque este animal —no es ningún chiste— representa para la mujer el hombre de su vida, según los más doctos oniromáticos. Camello muerto: duelo. Absorber la carne aderezada del animal, cogiéndola por los pelos o la piel: provechos.

CAMISA. Símbolo de causalidades inminentemente activas. Por tanto, hay que fijarse en el color de la camisa vista o llevada en sueños. Blanca, correcta: excelente; manchada y desgarrada: malo. Demasiado corta: lujuria. Envolverse en viejos restos de camisas: muerte; verlas viejas y convertidas en harapos: miseria. Repararlas: presagio de una condición modesta pero feliz; cambiarla: visita amistosa; lavarla: perdón de injurias o de faltas.

CAMPAMENTO. Ver un campamento militar o pasearse por él es, en sí, un buen presagio, a condición de que no se encuentre en él nada insólito y de que no ocurra ningún percance; de otro modo, la significación de este sueño quedaría modificada.

CAMPANA. Falsas noticias, inquietudes, angustias, trapacería de la que se es víctima.

CAMPO. Aquel que deba dar un paso cuyos resultados le inquieten, obtendrá la acogida que desea si sueña encontrarse en medio de una vasta extensión de campos. Más generalmente: feliz solución de un negocio en curso.

CANASTA. Ver una que es del gusto del durmiente: buenas noticias; si es fea: advertencia de que no se haga de ningún modo algo que está a punto de hacerse. Por otra parte, se considera la canasta como un pronóstico de aumento de la familia, algunos sostienen que con fortuna. También representa una casa. Comprar una y meter gallinas en ella: se comprará una casa en la que habitará la familia del durmiente. (Halil-el-Masri, *loc. cit.*)

CANDELABRO. Anuncia dinero.

CANGREJO. Visto delante de uno, el cangrejo indica un retraso; si está situado entre el soñador y otra persona: maniobras dilatorias utilizadas por esta última para retardar lo que el durmiente espera. Por otra parte, el cangrejo anuncia litigios, procesos, acuerdos difíciles.

CANTO. Simboliza la obra del durmiente y la suerte que la misma correrá; depende de que el canto sea bello, la voz agradable y el auditor quede bien impresionado, o todo lo contrario, para que se esperen buenos o malos resultados.

CAÑA. Indica medios de acción demasiado débiles, proyectos insuficientemente meditados.

CAÑOS, CANALES. Una canalización vista en sueños extrae su significado ante todo de lo que circula por su interior, de los lugares que recorre y de los que comunica. Un caño anuncia por sí mismo la solución de una dificultad.

CAPA. Debe considerarse a la persona que lleva la capa como influenciada por un aura del mismo color de dicha capa. (Véase COLORES.)

CARACTERIZARSE. Este sueño invita a portarse con astucia y diplomacia.

CARBÓN. El intérprete oriental de los sueños dice: Hombre peligroso o que no teme en absoluto los peligros: bienes adquiridos por medios ilícitos, o favores de un superior. Si el carbón es malo y no puede utilizarse: palabras vacías de sentido. El carbón, según ciertos escritores, anuncia al soñador la necesidad de arrepentirse. Carbones ardientes: ofensa a la reputación; tocarlos y quemarse: trampas de un enemigo; no quemarse: impotencia de los enemigos; carbones apagados: celos infundados, muerte de un pariente próximo; comer carbón: penas secretas, engaño futuro.

CARCELERO. Traición.

CARNE. Humana: La carne significa el valor intrínseco del sujeto a quien pertenece o de sus bienes; por tanto, quien sueña comer la carne de alguien, saca partido de ese alguien. Ver una extensión más o menos amplia de la carne de éste o aquél, significa el grado de conocimiento que se tiene de su valor y de su carácter. Comer la carne de una persona sana: buen pronóstico para la salud; de un enfermo: recursos de oscura procedencia; chupar la propia carne: prodigalidades.

Carne comestible: presagio de sufrimientos psíquicos. Cruda: enfermedad grave; cocida: curación, peligro evitado; carne sin piel: período próspero a continuación de grandes desdichas; comer carne indica agravio causado por palabras impulsivas.

CARNERO. El carnero, según que marche en el mismo sentido que el soñador o que vaya en sentido inverso, simboliza sus venturas o sus desventuras. Si está inmóvil y pasivo, en una palabra, si no va al encuentro del durmiente como para embestirle, se puede interpretar favorablemente el presagio. El aspecto del animal y lo que ocurra entre él y el que está soñando se asimila con lo que el soñador debe esperar de la suerte. Ejemplo: carnero gordo: abundancia; cabalgarlo: éxito y ayuda para conseguirlo; caerse de él: se dejará escapar un importante elemento de éxito: triunfo sobre los obstáculos; hacer mal a un carnero que marcha en el mismo sentido que el durmiente: causar agravios a un amigo.

CARNICERO. Anunciador de muerte, a menos que el soñador se vea provisto de un cuchillo semejante al del carnicero; dicho cuchillo significa la defensa victoriosa del organismo contra una enfermedad inminente.

CARÓTIDAS. Si en el curso del sueño la atención del durmiente está puesta en las carótidas de un personaje, éste último experimentará una evolución benéfica tanto moral como física; si las carótidas aparecen horriblemente congestionadas: muerte de la persona a quien pertenecen.

CAROZO. Tener un carozo: indicio de progreso y de prosperidad; ver que lo tiene otro: la misma significación para él.

CARPINTERO, CARPINTERÍA. Se recibirán consejos útiles y provechosos; beneficio realizado por la familia del soñador; comprar objetos a un carpintero: nueva organización de la existencia del durmiente.

CARRERA. Realizar una carrera: el vencido triunfará del vencedor. Si el soñador corre con un individuo de distinta especie, como, por ejemplo, un animal: triunfo del vencedor sobre el vencido. En el animal debe verse la persona o la cosa que representa. Querer correr y no perder: enfermedad, obstáculos, dificultades; correr: fortuna próspera, dicha; para un enfermo: peligro; correr con rapidez, impetuosamente: bien inesperado; con temor: seguridad; otros dicen que indica exilio o fuga del soñador; correr detrás de un enemigo: triunfo, provecho, venganza satisfecha; detrás de una gacela: sustanciosos beneficios; detrás de animales de caza: pérdidas; correr desnudo: locura, engaño de parientes. Ver una mujer que corre: deshonor para ella; ver hombres que corren juntos: disputas, querellas; si van armados de palos: motín, insurrección, guerra. (Halil-el-Masri, *loc. cit.*)

CARRETILLA. Esfuerzo excesivo.

CARTA. Recibir o enviar cartas presagia novedades; destruirlas indica ruptura.

CARTEL. Se recibirá fortuitamente una información de la que se obtendrá ventaja.

CASA. Seguridad. Lo que tenga lugar en la casa que se sueña ocurrirá a sus habitantes.

CASCO. Signo de protección y de seguridad.

CASTAÑAS. Reunión en la que se tomará parte.

CASTIGO. Siempre es buen presagio: satisfacción honorífica o de notoriedad; tanto mejor si el castigo es por causa de una joven.

CASTILLO. Significa alguna empresa o alguna persona a quien investir; por tanto, penetrar en él permite una esperanza lisonjera. Ver el castillo en llamas o en ruinas sería de mal augurio.

CATACLISMO. Tiene el mismo simbolismo que el arcano dieciseisavo del Tarot: enredo, descenso del espíritu hacia la materia, caída del ánimo en bajas encerronas. El durmiente apreciara, según las circunstancias de su sueño y las emociones que sienta, si dicho sueño le concierne o no; en el primer caso: advertencia de que se está descarriando moralmente; en el segundo es un anuncio de un giro de la suerte: el brazo de la justicia inmanente glorificará a los buenos y golpeará a los perversos.

CATARATAS. (o cualquier otra enfermedad de los ojos). Muy mal presagio para la longevidad.

CAVAR. La persona a quien se ve, en sueños, ocupada en cavar persigue un objetivo secreto. Las otras fases del sueño se consultarán a este respecto.

CAZA. Ver cazar: alguien intenta perjudicar al durmiente; ir de caza: penas, duelos; cazar: bueno o malo para las actuales esperanzas del soñador, según el número de piezas cobradas; volver de cazar: buen presagio si uno se encuentra en buen estado, malo si experimenta molestias o fatiga. Ser herido por otro en una cacería: derrota en una rivalidad; herir a alguien: significado inverso.

CAZADOR. Representa a un tipo emprendedor y combativo; analizar el color de su traje, sus armas, el lugar donde está y lo que hace.

CEBADA. Sueño unánimemente reconocido como excelente. Elevación moral, bienes materiales, prosperidad y salud.

CEBOLLAS. Disgustos, penas, duelos; oler una cebolla: pena causada al soñador por el descubrimiento de uno de sus secretos; ver una cantidad de cebollas sin pelar, que no causan incomodidad: alarmas inmotivadas.

CEBRA. La vista de una cebra presagia el próximo comienzo de una enemistad entre el durmiente y un personaje al que aún no conoce. Ver varias cebras: especie de cábala o acuerdo dirigidos contra los intereses del durmiente.

CEJAS. Rubias: buen presagio sentimental; negras: rigurosidad; tener las cejas totalmente depiladas: duelos.

CELOS. Sentirlos: equilibrio mental amenazado; ser objeto de los celos de una o varias personas: injusticia.

CEMENTERIO. Verse entrar en él: peligro de secuestro, de encarcelamiento, de inmovilización bajo una u otra forma; visitar un cementerio: el durmiente tendrá negocios en una prisión. Ver un cementerio sin penetrar en él: anuncio de duelo.

CENIZAS. Presagio de unos días fastidiosos.

CENTINELA. Si parece vigilante, los intereses del soñador están a salvo; si está sentado o durmiendo: amenaza de algún revés financiero. Golpear y vencer a un centinela: presagio de iniciativa feliz.

CEPILLO. Servirse de él: anuncia el fin de ciertos miedos o contratiempos.

CEREZAS. Soñar con ellas en su temporada: esperanza realizada; fuera de época: esperanzas vanas que resultarán chasqueadas;

CERRADURA. Abrir una cerradura: cambio de situación, entrada en un nuevo camino; cerrarla: respuesta o solución negativa a una demanda o a un negocio en curso; romper una: se hará uso de la arbitrariedad para llegar a la meta.

CIEGOS, CEGUERA. Ver ciegos: luto. Llevar o conducir a un ciego de aspecto respetable anuncia algo favorable, pero si se trata de un enfermo de apariencia equívoca, desconfiar de los malos consejos. Soñar que se está privado de la vista significa que, sin saberlo el durmiente, o en la convicción de actuar convenientemente, prepara algún tipo de catástrofe. Aquel que tiene este sueño en el momento en que se prepara para algún golpe de audacia, sin renunciar a su proyecto, debería estudiarlo con redoblada atención, porque ciertos riesgos han escapado a sus cálculos. En el transcurso de un viaje, soñar que se está ciego indica obstáculos al regreso, enfermedad y a veces incluso muerte fuera de la residencia habitual.

CIELO. Sueño muy común y de los más fáciles de interpretar por simple analogía. Así, soñar que se está contemplando la bóveda del cielo: a pleno día: el soñador está en período de realización; de noche: el durmiente está en período de preparación o, al menos, se preparan para él acontecimientos aún no aparentes. Cielo puro y sereno: se inaugura una serie de días apacibles; cielo aborregado: inquietudes; muy nuboso: graves contratiempos; tempestuoso: catástrofe. Todo aquello que cae bruscamente del cielo indica algún acontecimiento infausto e inesperado. Soñar que se sube hacia el cielo y que no se puede volver a bajar indica situación crítica. Esto deberá adaptarse a las preocupaciones personales. Un enfermo que se vea ascendiendo así, y que luego, poco a poco, vuelve a tomar contacto con el suelo, deberá esperar una fuerte recaída a la que seguirá la curación total.

CIERVO.   Correr detrás de él: grandes beneficios inesperados; matar uno y desollarlo: herencia; ver uno o varios, montar sobre uno de ellos: éxito personal.

CINC.   Ayuda, servicio pedido al soñador. El cinc en lingotes, especialmente si su superficie es brillante, presagia éxitos financieros. El cinc en lámina utilizado para fundas indica colocaciones estériles.

CINTAS.   Atención a su color. La cinta significa un elemento fugitivo en la vida, bueno o malo según su colorido.

CINTURÓN.   Todo tipo de cinturón que lleve el soñador significa una influencia moral que se ejerce sobre él: la de un personaje jerárquicamente superior o simplemente la de un deber que ha aceptado. Su substancia es importante. De oro: arbitrariedad; de hierro: fuerza mayor; de plomo: debilidad. Despojarse del cinturón es rechazar una obligación, liberarse de una carga o traspasar las propias responsabilidades a otro. Quitar a una mujer su cinturón o recibirlo de sus manos indica claramente la caída —como dicen los «psicólogos de tocador»— de esa mujer.

CIPRÉS.   Deberes, luto, pérdidas de dinero, fracaso de todos modos, tristezas próximas.

CÍRCULO. Esta figura geométrica, según que se encuentre rodeando al durmiente o delante de él, presagia: bien una determinación que va a verse obligado a tomar, bien una decisión que ha tomado recientemente; la substancia o el color del circulo dirán el resto.

CIRUELAS. Comerlas significa éxito en amor.

CISNES. En general, anuncio de alegría; cisne que canta: muerte de un familiar; domesticar cisnes o simplemente verlos indica popularidad, consideración, éxito.

CLAVO. Adquirir o poseer clavos en buen estado significa aumento del material y de los medios de acción del durmiente; soñar que se clavan: riesgo de una enfermedad venérea; sentarse sobre clavos: temores; verlos clavar: ataque a la reputación del que sueña.

COBERTIZO. Proyecto de viaje; los demás elementos del sueño indican si el viaje se realizará; el aspecto del aire o del cielo presagia las circunstancias favorables o desfavorables de dicho viaje.

COBRE. Pronostica un amor que el durmiente inspira sin saberlo.

COCHE FÚNEBRE. Soñar que se asiste a los propios funerales se interpreta inversamente: aún se está lejos de fallecer; ver un coche fúnebre anuncia tristezas.

CODORNIZ.   Pájaro de mal agüero: ruptura de amistades, infidelidades sentimentales, perfidia.

COHETE.   Alegría de corta duración.

COJO.   Verse cojo: retrasos, impedimentos, imposibilidad de triunfar. Naturalmente, si se sueña con una persona a la que se conoce y se la ve cojear, debe serle aplicada la precedente interpretación.

CÓLERA.   Sentirla, causarla o simplemente observarla son malos signos.

COLES.   Significación: un hombre poco cultivado con el que próximamente se tendrán negocios. Tener una col en las manos: buscar algo que no se encuentra.

COLGADO (estarlo).   Soñar que uno se encuentra colgado y vivo a pesar de todo: buen presagio; generalmente es signo de elevación; verse colgado sin darse cuenta del momento en que ocurrió: recuperación de cosas perdidas. El mejor sueño de este género consiste en verse colgado al amparo de una. viña, lo que significaría cercano y venturoso cambio de situación.

COLINA.   Una colina significa una altitud, una meta, una elevación cualquiera. Subir fácilmente una colina anuncia que las ambiciones del durmiente se verán pronto satisfechas; caerse de ella sería de significación contraria. Encontrarse atado al lado de una pequeña elevación de terreno presagia que el durmiente se arrimará a alguna persona cuya influencia sobre sus bienes o su porvenir pueda ser propicia. La cima de la colina es el término de una cosa o de otra. Por tanto, el que sueñe encontrarse allí, debe ver en ello el anuncio del fin de una necesidad, de un pleito o de una enfermedad.

COLMENA. Véase ABEJA.

COLORES. Negro: infortunio; blanco: infecundidad, indecisión, benevolencia pasiva; rojo: ardor, apasionamiento, combatividad, intensidad; anaranjado: iniciativa, bullicio; azul: salud, satisfacciones materiales; escarlata: violencias, cólera, ruptura, accidentes; rosa: sentimientos tiernos; gris: miedo, angustia, temor; amarillo: decisiones provechosas; verde: penetración, sagacidad, secretos revelados, al durmiente; violeta: abnegación, renuncia.

COLUMNA. El intérprete oriental de los sueños dice que la columna se refiere a todos aquellos que sirven como apoyo y sostén a los demás, como el soberano, el sabio, el gobernador, el propietario de un lugar o de una casa, el padre de familia, el marido, el tutor, la esposa, formando, así mismo, parte de este grupo los bienes y las riquezas. Columna de un templo que está a punto de caer: hipocresía y subterfugios llevados a cabo por un gran personaje para sustraerse a la autoridad de su soberano, o sabio que utiliza su sabiduría para fines no muy justos; si se trata de la columna de un templo pequeño: lo mismo, referido a uno de sus sacerdotes para con su superior. Cuando un criado sueña que una columna de la casa en la que sirve está apunto de derrumbarse: esto le anuncia un cambio, a peor, del dueño con respecto a él; si es el dueño de la casa, u otro individuo cualquiera, quien tiene este sueño: la columna representa a su padre; si se trata de la dueña, o de otra mujer extraña a la casa, la columna representa al marido. Columna que cae: desastre, enfermedad para aquel a quien representa, y muerte si ya está enfermo. Igualmente, cuando se sueña que una columna se eleva en los aires manteniéndose allí largo tiempo antes de descender, o no desciende del todo: caída en un pozo o en un agujero. Determinados autores consideran las columnas como un presagio de elevación, de victoria, de poder; encontrarse en lo alto de una columna: honor, fama, estima y respeto públicos; caerse de ella: una gran dolencia amenaza al durmiente, así como a sus parientes o amigos; columna que se desploma: muerte de un gran personaje, con perjuicio para un gran número de personas.

COLUMPIO.   Pérdida de tiempo en ocupaciones frívolas.

COLLAR.   De ámbar: éxito amoroso; de coral: unión próxima y feliz; de perlas: reconciliación tardía tras un largo periodo de disensiones; de diamantes: enemigos, ruptura, traición. De una manera mas general, un hombre que sueñe con un collar, deberá esperar algún nuevo cargo o

función, que resultará o no provechoso según la
substancia del collar.

COMBATE. Presagio de discordia, en general
mal signo a menos que se alcance la victoria.

COMETA. Mal signo; anuncia alguna fatalidad.

COMIDA. Las comidas predicen visitas.

CONDENA. Oír en sueños cómo se es condenado a una pena más o menos larga o a muerte
debe entenderse como el anuncio del próximo
fin de una indecisión concerniente a algún asunto del momento.

CONDUCTO. Signo de ganancias si se ve correr
el agua hacia sí, y de pérdidas si el agua sigue la
dirección contraria.

CONEJO. Ver uno o varios conejos blancos: éxito;
si se trata de conejos negros: contratiempos; los
conejos grises anuncian un matrimonio; ser mordido por un conejo: se será víctima de un accidente por imprudencia ajena.

CONSEJO. Es señal de ruptura amistosa, lo mismo
si es uno el que da los consejos que silos recibe.

CONTRATO. Soñar que se redacta o que se
firma el propio contrato de matrimonio indica
decepciones a propósito de esperanzas que ya se
habían forjado.

CONVALECENCIA. Buen presagio: aumento de
fortuna, unión ventajosa o ganancias inesperadas.

CORAZÓN.   La mejor interpretación de este sueño es la que aparece en «El gran intérprete de los sueños», suscrito por el último descendiente de los Cagliostro: Corazón enfermo y dolorido: enfermedad próxima y peligrosa, en proporción al grado de sufrimiento; herido: si el sueño indica a una mujer o es ella la que sueña, recaerá sobre el marido; si es una jovencita, sobre su padre o su amante; no tener corazón o perderlo: enfermedad próxima, triunfo de enemigos mortales. El corazón, en materia de sueños, significa el hombre y el marido, de modo que si una mujer sueña que su corazón está enfermo o herido, el mal señalado por este sueño acaecerá a su marido; si es una joven quien lo sueña, el mal sobrevendrá a su padre o a su amante, si lo tiene.

CORDERO.   Indica de una manera general lo que reserva el porvenir. Ver un gran numero de ovejas que pacen: adquisiciones, fortuna, bienes considerables; capturar un cordero: ganancia inmediata; montar sobre un cordero y recorrer así bellos caminos: éxito fácil; escuchar balidos: apoyo, protección, ayuda eficaz que se recibirá. Si se ven venir corderos hacia el soñador, en sentido inverso a su marcha, o si se ven corderos muertos o se contempla un combate entre estos animales, el presagio significaría obstáculos y reveses, pero no forzosamente fracaso.

CORRAL.   El resultado de los esfuerzos del durmiente está asegurado.

CRÁNEO. Significa aquello que el soñador posee de más preciado, y aprueba las decisiones o disposiciones que haya tomado al respecto.

CREPÚSCULO. Presagia el próximo fin de tormentos, de cualquier asunto enojoso, de cautividad o de enfermedades.

CRIADO. Llegada de novedades o de cartas imprevistas.

CUADRÚPEDOS. El cuadrúpedo visto en sueños suele anunciar dinero; si el cuadrúpedo habla al durmiente: amenaza para sus bienes.

CUBA. En buen estado y llena de vino: abundancia; cuba rota: adulterio por parte de la esposa; vacía: pérdidas; llena de agua: buen presagio que indica paz y tranquilidad.

CUBO. Hacer descender un cubo dentro de un pozo significa matrimonio. En los demás casos el cubo simboliza algún medio de procurarse recursos. Si es manejado por el soñador y éste se ve trasladando alguna cosa en el cubo que lleva: buen presagio. Si se sueña con un extraño que saca del pozo cualquier cosa con el cubo y se lo lleva: engaño, fraude, perjuicio que se habrá de sufrir.

CUENTA, CONTAR. El durmiente está en trance, conscientemente o no, de perder la cosa o las cosas cuya enumeración efectúa en el sueño; si se trata de cosas que desea, deberá renunciar a sus esperanzas, al menos por el momento; si son cosas desconocidas: signo de cambio.

CUERDAS.   Según Halil-el-Masri, arrollar la cuerda en torno a un madero o a una persona, retorciéndola o midiéndola, significa: viaje. Cuerda que cuelga del cielo: piedad; asirla: rectitud; si eleva al durmiente: muerte piadosa; si se le escapa de las manos o se rompe: el soñador se alejará de las cosas o de las personas que le son queridas. Si le queda en las manos un trozo de cuerda: pérdida de grandeza, pero conservando siempre la dignidad y la rectitud; si vuelve a estar entera entre las manos: retorno de la grandeza; pero si después de regresar, el durmiente sueña verse elevado una segunda vez: engaño, muerte piadosa. Cuando la cuerda que pende del cielo golpea al soñador en el cuello, los hombros, los riñones o la cintura: se verá obligado a responder. o a pagar por otro; matrimonio forzoso, o matrimonio cuyos gastos habrá de pagar el que sueña. Atar una cuerda a un palo: mala conducta o magia. Soñar que se está suspendido de una cuerda que cuelga del techo: honestidad. Si la cuerda cuelga del cielo: soberanía, grandeza proporcionada a la distancia que queda entre el soñador y la tierra, y si la cuerda se parte: se perderá, después de haberla obtenido, esta soberanía, esta grandeza. Hacer un nudo en una cuerda: religión; pero si este nudo no se logra: se encontrará uno en las mismas condiciones que antes.

CUERPO.   La cabeza y su estado informan acerca del personaje a quien pertenece. Más fuerte que en la realidad: elevación, éxito; más pequeña: restricción en la realización de las esperanzas.

La frente simboliza el carácter y su valor. Ver si es alta, baja, simétrica o mal conformada.

Las orejas son los conductos de información del soñador. Soñar que se poseen muchas es excelente.

Los ojos y su estado constituyen los medios de que dispone el juicio y están relacionados con las decisiones.

La nariz se interpreta como análoga a la sagacidad. Las mejillas indican lo que se relaciona con la salud.

Los labios tienen relación con los íntimos del durmiente.

Los dientes superiores representan a las personas de la familia; los inferiores equivalen a los amigos y conocidos. (Véase DIENTES.)

El tronco: posesiones, riquezas, empresas. Los brazos: los asociados, las alianzas.

Las piernas: los desplazamientos.

Las manos: la habilidad del soñador. Los pies: la solidez de su posición.

CUERVO.   Este pájaro, incluso en sueños, es de siniestro augurio, a menos que hable al durmiente: en ese caso, es el anuncio del término de sus dolores, de una enfermedad, de disgustos o de dificultades.

CUEVA.   Disimulo.

CUIDAR. Es tan positivo soñar ser cuidado como ser uno el que presta sus cuidados a los demás, ya que este sueño indica fin de enemistades, de altercados, de litigios y de enojos causados por los hombres.

CUNA. Verse a sí mismo en una cuna: atención a una enfermedad o a un accidente capaz de aniquilar al soñador durante largo tiempo; dar una cuna a alguien, verle meterse en ella o meterle uno mismo, signo de matrimonio o de intriga amorosa para esa persona.

CHAL. Ocupación inusitada y fructuosa si el chal es largo, espeso y se muestra en buen estado; un chal desgarrado o agujereado indicaría deberes profesionales.

CHAMARILERO. Individuo que trafica con los secretos del durmiente o los divulga sin provecho.

CHINCHE. Verla sin ser picado por ella: disgustos que se preparan para aquellos que están en torno al soñador; sentir sus picaduras: enemigos que intentan vengarse de él.

DADO.   Engaño.

DAMAS.   Soñar con damas, ajedrez u otros juegos del mismo tipo indica múltiples emboscadas, dificultades imprevistas, malas voluntades que se oponen a la del soñador, deslealtad.

DEDAL.   Sufrimientos morales.

DEDO.   Si el soñador se ve cortando un dedo a alguien, representará un funesto papel en su vida; soñar que se pierde un dedo: perdida de pariente; tener un dedo sajado o rebanado: altercados familiares. Un dedo que hace sufrir: enfermo en la familia. Aumento del número normal de dedos: en la derecha: aumento de bienes por herencia; en la izquierda: matrimonio o nacimiento en la familia.

DEGOLLAR.   La persona degollada será favorecida; el degollador se revela como alguien que actúa arbitrariamente y con tiranía: desconfiar de él.

DELGADEZ.   Toda persona vista en sueños más delgada de lo que es en realidad verá pasar por duras pruebas su situación, sus bienes y quizá su salud, si éstos dependen de aquélla.

DEPÓSITO. Todo depósito efectuado en sueños indica un secreto confiado; naturalmente, el depositario del secreto resultará ser aquel a quien se remite el depósito.

DERRIBAR. Derribar la propia casa: muerte de la mujèr del durmiente; suprimir una parte solamente: óbito en esta casa.

DERRUMBAMIENTO. Todo aquello que se derrumba significa desaparición. Quien vea cosas derrumbándose a su alrededor sin ser alcanzado por los escombros se enriquecerá a causa de una sucesión o se beneficiará del fracaso de otro.

DESAFÍO. Mal sueño: anuncia altercados en la intimidad, incomodidades y desacuerdos.

DESCERRAJADURA. Participar en un robo con fractura o verlo perpetrar, aprobándolo, indica que se utilizan procedimientos desleales. Si la casa descerrajada es la del soñador y, por tanto, es él la víctima de la descerrajadura, la deslealtad va dirigida contra él. Si uno se ve a sí mismo entrando mediante fractura en la morada de una mujer a la que desea, conseguirá seducir a la mujer en cuestión.

DESEMBALAR. Soñar que se desembala cualquier cosa: presagio de inquietudes por negocios más o menos enojosos y largos, según el tiempo que dure el desembalaje; les seguirá un provecho o satisfacción que se juzgarán según el objeto desembalado.

DESEMBARCAR. Tranquilidad tras un periodo muy activo o muy perturbado.

DESENFRENO. Sorpresa desagradable.

DESNUDAR. Aquel que sueña que se desnuda y ordena sus ropas como de costumbre descubrirá el abandono de uno de sus amigos o allegados; soñar que uno se despoja de sus vestidos para ofrecerlos a un muerto pronostica el fallecimiento del soñador. Desnudar a alguien: adivinar sus intenciones.

DESNUDEZ. Sueño más bien desfavorable, salvo en el caso de que vaya unido a una impresión exclusivamente estética. Verse desnudo presagia insuficiencia de los propios medios de protección, o impopularidad. Es imposible sacar conclusiones de un sueño donde uno se complace mirando desnudeces. Se trata, como dice Freud, de la expresión (disfrazada) de un deseo (reprimido).

DESORDEN. Ver los propios asuntos arreglados de forma distinta de la que se acostumbra, o en desorden, indica que la vida del soñador va a ser más o menos trastornada, y sus costumbres cambiadas por algún acontecimiento imprevisto.

DESPENSA. Su estado indica el de la dueña de la casa; si se ve una despensa en mal estado en el apartamento de un tercero, peligros para su mujer.

DESPERTAR. Soñar que se despierta: iniciativa, decisión, actividad.

DETENER. Si alguien sueña que es detenido, ha de esperar inquietudes. Si encuentra impedimentos para proseguir un camino, un trabajo, etc., esto es presagio de una afrenta. Asistir a una detención: próximamente se solicitará un favor al durmiente.

DEUDAS. Soñar con deudas es el anuncio de un próximo efecto del karma: los deméritos, y todo aquello que haya realizado el soñador contrario a su conciencia, van a experimentar las últimas consecuencias.

DÍA. Hay que tener en cuenta la hora que parece ser: el alba indica inauguración de una empresa, comienzo de un nuevo ciclo, curación para un enfermo, liberación para un prisionero, redención para un oprimido; la mitad del día es el indicio de que los planes del durmiente están en su fase más intensa de realización; la tarde presagia el fin próximo de alguna condición.

DIABLO. Este sueño sólo puede tener algún significado para los creyentes; para los demás, el diablo simboliza, ni más ni menos, que el arlequín o el polichinela, un necio espantajo. La tradición indica que soñar con el diablo es siempre de mal agüero salvo en tres casos: si ataca sin éxito al soñador, si le persigue sin lograr alcanzarlo o si el durmiente le derriba. Un demonio amable y embaucador sería de muy mal augurio y pronosticaría traición por parte de una mujer.

DIARIO. Leer, en sueños, un diario: el soñador es engañado por alguien en quien tiene confianza; oir pregonar los diarios: ocasión de gasto inútil; ver el propio retrato en un diario: dura pérdida.

DIENTES. Dadas las divergencias de parecer entre las fuentes más autorizadas, a continuación se indica cómo hay que interpretar los dientes. Ante todo, considerar que el maxilar superior representa a la familia; el maxilar inferior se refiere a otros allegados, amigos y conocidos, en una palabra, a aquellos con quienes la familia tiene relación ordinariamente. Los incisivos superiores indican el padre y la madre, el marido y la mujer, los dos jefes de la familia; el de la derecha es el hombre y el de la izquierda la madre o la esposa. Sin embargo, todo esto no parece verificarse invariablemente. Anotamos diversos presagios consagrados por la experiencia. Dientes bellos, blancos, sanos y bien colocados: aumento de poder, de importancia, de riqueza y de salud. Dientes sucios: vergüenza en la familia. Dientes malolientes: maledicencias contra el soñador o los suyos. Dientes cariados: pérdida de parientes. Soñar que sale un diente nuevo: crecimiento del número de personas de la familia. Dientes que se caen: enfermedad o muerte para la persona representada por el diente; no obstante, un diente que caiga sobre la mano indica nacimiento. Si se sueña que todos los dientes han desaparecido, la familia se extinguirá y el soñador quedará como único superviviente.

DINERO. Este sueño siempre promete a las mujeres múltiples alegrías, si bien generalmente indica gasto imprevisto.

DIOS. Bueno en general. Si se ve a Dios majestuoso y tranquilo mirando sin ira al durmiente significa una aprobación hacia la conducta de este último; si le bendice o le habla benévolamente: excelente presagio. Pero recibir una censura del Todopoderoso o verle irritado: desgracias próximas. Ver a Dios en un lugar cualquiera, sin que parezca expresar ningún sentimiento especial, significa que el lugar donde se le ve está bien organizado, y si en el mismo se tiene algún negocio, éste es bien llevado.

DISCUTIR. Con personajes considerables o dignos de consideración: éxito; con borrachos, locos o ignorantes: obstáculo estúpido e imprevisto.

DISGUSTO. Toda impresión de disgusto intensamente sentida en sueños previene al durmiente de que puede caer enfermo.

DISPUTA. Quien se vea disputando en sueños se halla en vísperas de perder grandes ventajas, sacrificándolas a la vanidad o a un necio amor propio; además, este sueño es signo de ineficacia de los medios de que se dispone contra los rivales, los adversarios, los competidores o los enemigos.

DIVERSIÓN. El durmiente debe ver aquí el anuncio de un accidente evitable mediante una atención constante y perspicaz.

DIVORCIO. Pérdida de situación o de fortuna para aquellos que tienen este sueño y río están casados; para los que silo están, el mal presagio se atenúa.

DOMADOR. Si mete en cintura fácilmente a las fieras: triunfo rápido y completo; presagio inverso si es víctima de sus animales.

ECLIPSE.   Generalmente, presagia un triste acontecimiento. No obstante, si tratan de vengarse del
soñador, si éste espera algún tipo de persecuciones o si algún acreedor le atosiga, el eclipse promete un fracaso a sus adversarios.

EDIFICAR.   Buen presagio, generalmente relativo
a alguna innovación provechosa, o a elementos
nuevos y positivos que entraran en la existencia
del durmiente.

EJECUCIÓN.   Peligro para el condenado, salvo si
se escapa del lado del verdugo.

ELECCIÓN.   Ser elegido: los disgustos se arre-
glarán y ocurrirá lo mismo con los errores. Elegir
o participar en una elección: obstáculos creados
ante el soñador por imbéciles.

ELEFANTE.   Hombre que dispone de formida-
bles medios de acción; individuo que absorbe los
bienes de los demás; verlo es de mal agüero mon-
tarlo y conducirlo es signo de éxito. Si se sueña
dar de comer a un elefante, se obtendrán grandes
favores de un importante personaje. Verse perseguido por un elefante: grave peligro.

EMBADURNAR. Este sueño previene al interesado de que próximamente se verá mezclado en un medio inferior al suyo o en negocios sucios.

EMBUDO. El durmiente será objeto de alguna liberalidad.

EMPALIZADA. Véase la significación de MURO. La de empalizada, naturalmente, es análoga pero representa más bien a una persona adversaria de los proyectos del soñador que un obstáculo material o circunstancial. Si se es detenido por una empalizada, tanto peor; pero si se consigue franquearla o instalarse en lo alto, se tendrá la preeminencia.

ENCARCELAMIENTO. Signo de trabas, de impedimentos, de retrasos o de enfermedad.

ENCINA. Un protector bien intencionado para el durmiente; su estado indica la extensión de su poder. Por tanto, hay que prestar atención a la encina con que se sueña para ver si está frondosa, erguida, desnuda o abatida.

ENCONTRAR. Si las personas encontradas en sueños no son aquellas a quienes se ha visto últimamente, ni por las que uno se ha preocupado estando despierto la víspera, las próximas circunstancias permitirán una conexión con ellas; a veces este sueño anuncia pura y simplemente un encuentro real.

ENEMIGO. Hay que entender tanto rival como competidor o enemigo personal. Interpretar directamente lo que se observe. Así pues, si se sueña dirigir al enemigo palabras conciliadoras, el odio acabará; si es él quien da el primer paso, hay que esperar de su parte una tentativa de abandono en lo que se refiere a sus agravios. Esconderse a la vista del enemigo: éste no podrá alcanzar al durmiente; ser descubierto en la retirada: el enemigo triunfará. Matar al enemigo: se le aniquilará, etc.

ENFERMIZO. Verse enfermizo y sentirse afectado: mal testimonio del estado de salud; el mismo sueño sin experimentar ninguna emoción desagradable: éxito.

ENFERMO. Una persona sana que sueñe estar enferma traducirá este sueño como la inminencia de penas y sinsabores. Si se trata de un malestar. solamente, habrá que esperar ligeras contrariedades. Estar enfermo y no poder conseguir la asistencia del médico: amigos que abandonan al durmiente en la adversidad. Verse morir: buen signo: anuncia un elemento nuevo en la vida del soñador. Soñar que alguien de la familia está enfermo anuncia un mal real para el que lo sueña; el padre corresponde a la cabeza; la madre al vientre; los hijos al corazón; los hermanos y las hermanas a los brazos y a las piernas.

ENSALADA. Hecha con una hierba dulce: alegría; con una hierba amarga: duelo.

ENVENENAMIENTO. Se interpretará según el dolor o la emoción experimentados y, así mismo, según el fin de la historia. Tomar veneno, sufrir y sentirse morir sería un enojoso presagio; pero si se mezclan a los sueños circunstancias singulares, todo cambia. Así pues, soñar que después de haber tragado el veneno se es presa de abundantes vómitos, hay que ver en ello una promesa de bienes, proporcional a la cantidad de substancia vomitada.

ENVIDIA. Sentirla: mal signo para el soñador y presagio favorable para aquel que la inspira; si se sueña desear a alguien, se interpretará inversamente.

EQUIPAJE. Ver equipajes que no parecen pertenecer a nadie significa el encuentro con un desconocido que está destinado a representar un papel en la vida del durmiente; los equipajes a cuyo dueño se ve indican un desplazamiento próximo para él.

ERIZO. Decepciones.

ESCALA. Soñar que se sube por una escala significa el comienzo de una empresa o una nueva tarea; encontrarse detenido en esta ascensión, sobre todo si se siente uno como paralizado sin poder subir ni bajar, es signo de obstáculos. Caer de una escala: catástrofe proporcional a la altura de la que se cae.

ESCALERA. Poco más o menos, como la escala. Hay que advertir qué es lo que se hace sobre la escalera y adónde conduce ésta.

ESCOBA. Modificación de las propias costumbres, cambio de medio.

ESCORPIÓN. Imagen de un traidor. Ver un escorpión en la cama de la amante o de la esposa: infidelidad. Encontrar uno sobre la mesa de trabajo o en las propias ropas: peligro para un falso amigo. Ver uno muerto o destruirlo: amenaza conjurada.

ESCRIBIR. Interpretar según las palabras que se escriben.

ESCRITORIO. Llegada de una carta o de una noticia largo tiempo esperada.

ESCUCHAR. Si uno sueña que habla y que se le escucha, la actitud de los auditores anuncia la de las personas con las que se negociará en los días siguientes. Si se escucha, en sueños, hablar a alguien, los temas de que habla son los que deben considerarse indicadores de presagios.

ESPADA. Espada de hoja brillante y afilada: palabras dulces, auténticas y sinceras; espada pesada: se dirá una cosa que no se hará; espada defectuosa: falta de elocuencia. Espada con una o varias armas mas: grandezas, poder. Espada en el aire: peste (la enfermedad epidémica). Encontrar una espada cerca de un muro: descubrimiento de un hombre valeroso. Cuando se tiene un proceso y controversias con alguien, y se sueña tener en la mano una espada desnuda: señal de que se tiene razón y de que se alcanzará justicia. Tener una espada con la punta en tierra: nacimiento de un hijo.

Ciertos escritores mantienen la opinión de que tener una espada es signo de fuerza, de poder y de seguridad.

Soñar que se recibe una espada: se recibirá una mujer. Soñar que entre marido y mujer se dan una espada desnuda: nacimiento de un híjo; si está envainada: de una hija; ceñir una espada: adquisición de un gobierno o de una gran autoridad; cuando la espada tiene demasiado peso y arrastra por tierra: mandato penoso y gobierno pobre; cuando el cinto se rompe: destitución del gobierno o mandato. Llevar un cinto sin espada: se recibirá un depósito.

Según algunos intérpretes, ceñir una espada pronostica la gloria y el respeto.

Ceñir dos o tres espadas que caen porque el cinto se rompe: divorcio. Espada que se rompe dentro de la funda: muerte de un niño en el seno de su madre. Juego de espada: justa y recta administración para un gobernador y para aquellos que pueden llegar a serlo; a veces, orgullo de los hijos. Matar a alguien de una estocada: contrastes, disensión con el pueblo.

Dar una estocada: triunfo sobre los enemigos, victoria, seguridad, éxito en lo que se emprenda; para una jovencita: se enamorará; para una mujer: tendrá un hijo, o grandes honores esperan a su esposo. (Halil-el-Masri, *loc. cit.*)

ESPALDA. Se relaciona con la fuerza física. Depende de que, en sueños, uno se sienta o se vea la espalda robusta o encorvada, deberá esperar la salud o la enfermedad. Ver a un amigo con la espalda curvada: agravios para con él; un enemigo visto en la misma condición testimoniará su impotencia para dañar al soñador como lo desearía. Un viejo encorvado, visto de espaldas, es de mal agüero.

ESPÁRRAGOS. Excelente presagio para la salud y los bienes.

ESPEJO. Si se ve un espejo en el que no se refleja ninguna imagen: contrariedades si su superficie está empañada; alegría si está brillante.

Romper un espejo: ruptura de amistad; verse en un espejo: matrimonio para un soltero, embarazo para una mujer casada, nacimiento de una hija para una mujer embarazada. Las imágenes que se vean a través de un espejo deberán interpretarse según su naturaleza.

ESPIGA. Generalmente, las espigas secas indican privación y fracasos; las espigas llenas y bien logradas significan abundancia y éxitos. Para algunos, tantas espigas como se adviertan serán tantos años buenos o malos, según la naturaleza de estas espigas.

ESPINAS. Tareas, molestias, persecuciones. Tenerlas, llevarlas o sentirlas es de mal augurio; arrancarlas: presagia la liberación, la supresión de aquello que importuna al durmiente.

ESPONSALES. Desposarse con alguien a quien se conoce: adquisición; con un desconocido: grave enfermedad, accidente tal vez mortal.

ESPOSA. Verla doliente: el soñador se compadecerá de su estado de ánimo; verla dormir: presa-

gio tanto mejor cuanto más bella y mas engala-
nada parezca la esposa. Cerca de ella un hombre
mayor: señal de éxito en los negocios; ver a un
hombre joven compartir su lecho: enemigo que,
sin saberlo, servirá al durmiente.

ESTACA.   Véase PALO. Una pieza de madera ter-
minada en punta significa toma de posesión:
observar dónde se coloca esta pieza y prestar
atención a la continuación del sueño.

ESTATURA.   Siempre es bueno verse en sueños
más alto de lo que se es en realidad: es un presagio de considerable mejora de posición.

ESTERCOLERO.   Grandes beneficios.

ESTRELLAS.   Constituye un excelente augurio
ver estrellas, salvo cuando se las ve desaparecer
súbitamente o caer. La estrella siempre representa un elemento excepcional del destino, digamos
que incluso un factor providencial. Por tanto, que
brillen y que estén colocadas muy alto en el cielo
es excelente; pero si su aspecto parece apagado, si
se extinguen, si se abisman en la tierra o son
reemplazadas por la oscuridad, habrá que esperar
un eclipse de la suerte y de la felicidad.

EXCRECIONES.   Sentido general suficientemente conocido: dinero. Ver excrementos: beneficio
inesperado y fortuito. Soñar que se realiza el último acto de la digestión: desaparición de las dificultades si la substancia es de forma, consistencia
y volumen normales; en los otros casos: pérdidas,

retrasos, decepciones. Una indicación tradicional muy singular afirma que aquel que sueña evacuar en la cama se separará de su cónyuge.

EXILIO, DESTIERRO, AISLAMIENTO. Buenos presagios de elevación, de éxito y de fortuna.

F

FAISÁN.   Se tendrán asuntos con una mujer extranjera o desconocida. Más bien favorable.

FARDO.   Soñar que se lleva un fardo: presagio de un mal o una pena que sufrirá el soñador sin ningún provecho; si el durmiente carga a alguien con un fardo es señal de que va a ser de gran utilidad a ese alguien. Mirar a gentes cargadas mientras uno está a sus anchas: egoísmo, abandono de las propias responsabilidades.

FARMACIA.   Signo de enfermedad si se está sano y de curación si se está enfermo.

FECHAS.   Deben anotarse las fechas que se vean o se escriban en sueños: a menudo será el anuncio de una cosa importante que ocurrirá en la fecha soñada.

FERROCARRIL.   Ver pasar un tren: novedad. Asistir a un descarrilamiento: problemas de dinero para los allegados del durmiente, si no hay muertos ni heridos; si hay accidentes personales: peligro para los parientes del soñador.

FESTÍN.   Súbitas incomodidades, malos negocios, período difícil.

FILTRO.   Según la tradición, puede significar el jefe de la casa, su esposa o el local en el que viven; se interpretará directamente aquello que suceda con el filtro.

FORTALEZA. Encontrarse dentro: seguridad; cercar una o introducirse en ella: fórmula que se descubre para zafarse de un asunto. Ver una fortaleza: próxima solución de un asunto pendiente.

FOSA. Cavar la propia fosa: adquisición inmobiliaria. Ver surgir personas vivas de una tierra que se está cavando: dichas personas están amenazadas de muerte. Enterrar a alguien anuncia que se le vencerá o se le aceptará.

FÓSFORO. Novedad, información inesperada, secreto asombroso que llenará de sorpresa al durmiente; las demás circunstancias del sueño mostrarán si deben esperarse buenos o malos acontecimientos de dicho secreto .

FOSO. Caer en un foso: se tiende una trampa al soñador, en la que corre gran riesgo de caer. Saltar un foso: dificultad vencida.

FRAUDE. Soñar que se comete un acto fraudulento indica que se sufrirá un daño causado por la persona a quien se intentaba engañar.

FRESAS. Ayuda afectuosa de una mujer, armonía y acuerdo con el elemento femenino perteneciente a la vida del soñador.

FRÍO. La sensación de frío en el curso del sueño testimonia una insuficiencia hepática. Ver el aspecto invernal de las cosas pronostica perjuicio. Mirar un paisaje de invierno a través de la ven-

tana de un apartamento confortable y bien cal-
deado: el durmiente sabrá sustraerse a algún disgusto colectivo.

FRUTAS. Las frutas en sazón prometen venturas
en amor y amistades sinceras y felices. Cogidas
fuera de su época pronostican trabas sentimentales o perturbación en las buenas relaciones.

FUEGO. Ver fuego encendido: novedad intere-
sante. Un fuego que no produce humo: abundancia; casi siempre, el fuego ardiendo en tierra,
sin manifestaciones especiales, anuncia el éxito.
Fuego que cae de lo alto: catástrofe. Si se sueña
encender un fuego, la facilidad con que se
encienda, la duración del fuego, su extinción a
propósito o sin querer, indican lo que va a ocu-
rrir con las actuales empresas del soñador.

FUEGO FATUO. Visto de lejos, estímulo para ser
fiel al propio punto de vista; fuego fatuo que persigue al durmiente: venganza.

FUNERALES. Próxima unión de la persona que
es conducida al cementerio.

FUSIL. Simboliza un medio de acción utilizado
por el soñador O contra él, de acuerdo con las
circunstancias del sueño.

FUSILAR. Véase EJECUCIÓN.

FUSTA. Servirse de ella: acción arbitraria que se
cometerá; ser golpeado con una: vergüenza,
afrenta, humillación.

GACELA. Gacela que se pone ante el soñador en son de amenaza: sublevación de su mujer; correr detrás de una gacela: incremento de fuerza y de poder; ir a la caza de una gacela: se seducirá a una mujer hermosa; si se está apunto de atraparla: después de haber seducido a la mujer mencionada, el durmiente se casará con ella; arrojar una piedra o un guijarro a una gacela: el soñador golpeará a su mujer, la repudiará o la abandonará por otra; disparar el arco contra una gacela: el durmiente inducirá a una mujer a que satisfaga sus deseos; atrapar una gacela: herencia y bienestar; cargar con ella: posesión honesta de riquezas, matrimonio con una mujer bella, virtuosa y caritativa; llevarla a casa: matrimonio de un hijo; disparar a una gacela y quitarle la piel: se tendrán, a disgusto, relaciones con una mujer; comer la carne de la gacela: riquezas que se obtendrán con la ayuda de una mujer; convertirse en gacela: ante el soñador desfilarán días de oro y de seda. (Halil-el-Masri, *loc. cit.*)

GAFAS. Muy buen sueño, que confirma las decisiones y los juicios del durmiente, indicando, además, que sus negocios están bien redactados y sus obras bien orientadas.

GALÓN. El galón simboliza la ambición: se juzgará qué es lo que anuncia según su color.

GALLINA. Ver una rodeada de sus polluelos presagia afrenta. Otra interpretación: Mujer iracunda, bella, extranjera, o hija de una criada o de una esclava. Atrapar una gallina: bienes adquiridos honradamente. Comer su carne cruda: maledicencia a costa de otro; comerla cocida: prosperidad, fortuna y bienes provenientes de un extraño. Poner un huevo bajo una gallina y ver salir un polluelo: revivificación de algo olvidado o perdido; también puede indicar que se tendrá un hijo excelente.

GALLO. A menos que se sea atacado por este animal, lo que significaría que se va a ser víctima de un pugilato, este sueño indica la rápida realización de aquello que se haya soñado.

GAMELLA. Véase ALIMENTOS.

GANGRENA. Anuncio de beneficios, tanto más importantes cuanto mayor sea la superficie sobre la que se extiende la gangrena.

GARANTÍA. Debe tomarse en el sentido de protección ejercida sobre alguien por el durmiente: éste cogerá en falta a la persona a quien protege.

GASA. Blanca: matrimonio; negra: luto.

GATO. Artemidoro pretende que el gato indica un adulterio cometido o en potencia. Halil-el-Masri detalla este presagio: traición, robo. El maullido del gato: calumnias de un criado ladrón. Gato que araña al soñador: engaño de un (o una) amante, infidelidad conyugal. Gato que le acaricia: el (o la) amante, el marido o la mujer de quien sueña le hará muchas caricias para conseguir sus propósitos. Gato furioso: disputas; rabioso: agresión por parte de ladrones. Igualmente, cuando uno se pelea con un gato y cuando resulta arañado por él: sus enemigos lograrán perjudicarle. Matar un gato: peligro evitado. Comer gato: desazones, rivalidad amorosa; apoderarse de su piel: se apropiará uno de los bienes de un ladrón. (Halil-el-Masri, *loc. cit.*) Otros autores dicen aproximadamente lo mismo.

GERMEN. Esfuerzos que producirán frutos.

GLÁNDULA. Indica alguna falta oculta que causa agudos remordimientos, aunque no sea descubierta.

GLOBO. Todo aquello que se vea bajo un globo de cristal anuncia el encuentro con una persona conocida a la que no se ha visto hace años.

GOBIERNO. Ver o hablar a algún representante del gobierno: se será cínicamente explotado.

GOLONDRINA. Hombre feliz, mujer que se posee, hijo estudioso.
Según algunos, la golondrina anuncia también el éxito en los negocios, o buenas noticias de los ausentes.
Atrapar una: botín adquirido ilícitamente; pero si se ha cogido la golondrina en la propia casa: estas

riquezas habrán sido ganadas honradamente.
También se dice que oírla cantar o agarrarla
anuncia una bella y buena esposa para el soltero,
una herencia para el casado y un hermoso porvenir para sus hijos. Una golondrina que penetra
en la casa: buena suerte; si tiene allí su nido: buen
presagio; silo construye en la casa: grandes bienes
ocurrirán en ella. Ver una golondrina muerta: mal
presagio. Una que sale de la casa del durmiente:
salida o partida de sus padres. (Halil-el-Masri,
loc. cit.)

GOLPES. Darlos: dolor oculto; a un amigo: alegría; al (o a la) amante: ventura, éxito; a un desconocido: mal presagio. Dar golpes: quiere decir,
también, paz entre los esposos; cuando es un soltero quien los da: se enamorará. Dar a alguien
golpes en la cabeza que le dejen huella: aquel que
los da desea la pérdida de su jefe; si le golpea en
el cráneo: obtendrá de su superior todo lo que
desee; en las orejas: pecará contra su religión;
pero si sale sangre de las orejas: se casará con la
hija de su superior. Dar golpes a un hombre
atado o amarrado, o dirigirle injurias mientras se
le golpea: signo de oración. Recibir golpes sin
saber por qué: prosperidad y regalo de vestidos.
Recibir golpes sin saber de dónde vienen: se tendrán grandes bienes en este mundo. Ser golpeado por alguien: prosperidades que llegarán
mediante ese alguien; ser golpeado por un muerto: será demandada al durmiente la ejecución de
sus promesas. (Según Halil-el-Masri.)

GOMA. Gasto inútil; sacrificio por un lujo intempestivo.

GORRA. Advertencia de que se está en vísperas de un período de mala suerte .

GORRIÓN. Individuo con el que el durmiente tendrá negocios y del que se le inducirá a desconfiar: aunque de porte agradable, es un cínico egoísta, que busca estrictamente su propio interés y hace daño incluso para distraerse.

GRABAR. Acontecimiento en la vida del soñador que le deja una huella que no podrá borrar el futuro; hay que prestar atención, en el sueño, a la substancia sobre la que se graba y a la imagen grabada.

GRADO. Tener negocios con un militar graduado: perjuicio que sufrirá el durmiente a consecuencia de cualquier acción arbitraria.

GRANADA. Representa a una mujer cuya edad y opulencia se apreciarán con arreglo al aspecto del fruto en cuestión. A menos que intervengan signos contrarios, este sueño es bueno: se obtendrá lo que se desee de una mujer.

GRANDEZA. Verse más grande y más fuerte de lo que en realidad se es: mejora de posición; toda persona vista en sueños con proporciones excepcionales representa una ayuda o un ataque, dependiendo de que el personaje observado se muestre apacible o tome una actitud amenazante.

GRANERO. Colmado, o al menos lo suficientemente provisto: abundancia, entrada de dinero;
desprovisto, vacío: dificultades.

GRANIZO. Signo de empobrecimiento proporcional a los estragos que ocasione la caída del
mismo .

GRILLO. Buen presagio para la felicidad doméstica, para el amor sentimental, la paz y la tranquilidad.

GRIMORIO. Ver un grimorio de brujería, leer-
lo, utilizarlo o ejecutar lo que prescribe: audacia
temeraria que, aunque se vea coronada por el
éxito, se pagará más tarde.

GROSELLAS. Fidelidad.

GRULLA. El durmiente se verá importunado
por alguna persona que le envían sus parientes o
sus amigos.

GUANTES. En buen estado: visita, sorpresa agradable. En mal estado: molestias. Compra de
guantes: invitación.

GUARDIA. Ser arrestado por la guardia: éxito
debido a la perseverancia; ver guardias: seguridad;
ver a alguien capturado por ellos: le sucederá
algún mal al capturado.

GUERRA. Cuando el durmiente se ve yendo a la
guerra: será puesto a contribución bajo un falso
pretexto; lanzarse al asalto con ímpetu: el soñador
será víctima de falaces persuasiones; batirse con-

tra el enemigo colectivo sin ningún entusiasmo: se verá uno forzado a sufrir la presión de alguna arbitrariedad; vencer, retirarse indemne después de haber aguantado el encuentro: se triunfará de las malquerencias.

GUIJARROS. Encontrar guijarros en el campo: presagio de ganancias; recogerlos en la orilla de un río: regalos, favores, concesiones que se recibirán. Arrojar guijarros a una extensión cualquiera de agua: pérdidas; a un pozo: perjuicio material que se sufre en el presente, por ejemplo: hurto del que se es víctima. Lanzar guijarros contra un armario, una alacena, etc.: participación en un negocio.

GUISANTE. Ver una gran cantidad de guisantes frescos anuncia bienes en la misma proporción; cocerlos reforma el presagio: duelos; comerlos: enfermedad. Ver guisantes cocidos en dos recipientes: unión desdichada.

GULA. Desórdenes, erotismo , voluptuosidad abusiva.

GUSANOS. Salvo el gusano de seda y la luciérnaga, los gusanos son de mal agüero: mientras que los dos primeros anuncian la realización de las esperanzas, los demás pronostican disgustos.

ℋ

HABITACIÓN. El tamaño y el mobiliario de la habitación proporcionan pronósticos análogos acerca de los asuntos del durmiente; si éste se encuentra con alguien en una habitación, una circunstancia estrechará sus relaciones. Para un individuo soltero o sin ataduras amorosas, soñar que se encuentra en una habitación, a veces es signo de unión.

HACHA. Cualquiera que sueñe tener un hacha y blandirla se mantendrá fuerte contra los disgustos y los adversarios. Si alguien amenaza al soñador con un hacha: enemigo fuerte y leal al que tendrá que combatir.

HALCÓN. Capturar este pájaro significa éxito; verlo por los aires: noticias; tenerlo y ver cómo se escapa: suerte cercana que se dejará escapar.

HAMACA. Véase CAMA.

HAMBRE. Sueño determinado por el estado interno; carece de significación premonitoria.

HARAPOS. Estar cubierto con ellos: signo de decadencia, de enfermedad y de muerte.

HARÉN. Visitar un harén: circunstancias próximas que pueden apartar al soñador de sus objetivos; si se tiene comercio con las mujeres de un harén: depresión, acontecimientos corruptores.

HENDEDURA. Aumento del número de personas que componen la familia.

HERENCIA. Desavenencia, ruptura de amistad a causa de dinero.

HERIDAS. Causar heridas a alguien significa que se sospecha de él injustamente. Recibirlas es generalmente de buen augurio, salvo si la sangre fluye demasiado abundamente, en cuyo caso sería: disminución de las facultades. Si se resulta herido, en sueños, pero no hay ninguna efusión de sangre, puede contarse con el éxito, sin veto ni cortapisa.

HERNIA. Para un hombre: próxima enfermedad; si es una mujer la que sueña con la hernia: maniobras abortivas.

HERRADOR. Dificultades en el camino del éxito, a causa de gentes de baja condición y de espíritu burdo.

HERRERO. Representa a un hombre que trabaja para sí mismo, sin patrón ni subordinados, con el que se tendrán negocios.

HIEDRA. La hiedra significa siempre corta duración: si se la ve entre las manos de alguien, la vida de ese alguien será efímera; si la hiedra figura entre otros objetos en un sueño, los presagios extraídos de éste tendrán una breve realización.

HIELO.   Trozos de hielo en un vaso: provechos; río, estanque, gran extensión de agua helada: enfermedad.

HIENA.   Mujer mayor y malévola de la que el durmiente se compadecerá: intrigas ocultas contra él. Matar o desollar una hiena: triunfo. Ser atacado por ella: temor que inspira el que lo sueña.

HIERBA.   Buen presagio en general: recoger o comer hierba: riqueza, o aumento de los bienes; una planta fragante vista en pie: matrimonio; planta odorífera cortada: duelo.

HIJA, MUCHACHA, HIJO.   Véase NIÑOS.

HILO.   Problemas con los negocios, trastornos, cambio de posición.

HOJAS.   Prosperidad.

HOMBRE.   Hombre joven: contrariedades; hombre de edad madura: satisfacción. Un viejo significa: elemento providencial en el destino.

HOMICIDIO.   Cometerlo: disensiones, desacuerdos; ser víctima de uno: buen presagio; significa a veces que se muere con respecto a una situación para nacer respecto a otra distinta.

HORMIGA.   Presagio general: actividad y salud, sobre todo si se ven en gran número. Ver hormigas invadiendo los muebles propios: crecimiento de la familia. Tenerlas encima, principalmente en el rostro, es muy enojoso: anuncia enfermedad mortal o accidente causante de dolencias crónicas.

HORNO. Indica el origen de las rentas del soñador; por tanto, hay que observar si está encendido y si funciona normalmente. Un ardor particular en su combustión presagia beneficios; su extinción indicaría notables pérdidas o una suspensión de los negocios.

HOSPICIO. Encontrarse allí en sueños significa trabas y obstáculos debidos a la malevolencia de los hombres; visitar alguno: encontrarse extraviado en una sociedad o en un asunto de los que es preciso apartarse.

HOTEL. Modificaciones que se producen en la existencia. Molestias ocasionadas por importunos. Encontrarse en la habitación de un hotel desconocido. Véase HABITACIÓN.

HUÉRFANO. Soñar que se es huérfano cuando no se es, en realidad indica que se recibirá una ayuda obsequiosa.

HUESO. Ver osamentas amontonadas: defunción en la familia; caminar apoyándose sobre huesos: se obtendrá el apoyo que se busca; suspenderse de un hueso: apoyo sólido. Generalmente el hueso aparece en los sueños precediendo un período de existencia laboriosa, retraída y difícil.

HUÉSPED. Toda invitación para aceptar ser el huésped de una casa, conocida o no, significa una ocasión que próximamente le será ofrecida al soñador. Si éste sueña tener en su casa a un desconocido: regreso de un ausente; reconciliación.

HUEVO. Significaciones tradicionales: huevo entregado: niño para quien lo recibe; huevos cocidos: éxito; comer huevos crudos: se cometerá algún acto de lujuria; soñar que se casca un huevo: sacrificio de una virginidad; encontrar huevos: aumento de la progenie; vender una cantidad de huevos: beneficios.

HUMO. Si es negro y denso: oscurecimiento del horizonte del soñador; si es liviano y azul, y se deshace en caprichosas volutas: fantasías satisfechas. Humo de un fuego encendido en pleno viento: buen presagio; humo que se desprende de una casa incendiada: aniquilación de un personaje molesto para las ambiciones del durmiente, o de un superior maligno. El sofoco sentido en sueños bajo la acción del humo anuncia un peligro que se evitará si en el curso del sueño se consigue apartarse del lugar en llamas y aspirar aire puro .

IDOLATRÍA. Soñar con ídolos y fetiches, y otorgar algún crédito a su eficacia: reveses seguidos de cerca por éxitos pasajeros.

IMITACIÓN. Si uno se sorprende en sueños imitando a alguien, deberá esperar dificultades con la persona a quien imita.

IMPACIENCIA. Anuncia que las circunstancias van a hacer que el durmiente se arrepienta de una decisión anterior.

IMPERTINENCIA. Soltársela a alguien: dificultades; sufrirla: buen presagio.

IMPOTENTE. Verse impotente en sueños augura mal estado de la médula espinal o de las arterias del durmiente.

IMPRECACIONES, AMENAZAS. Recibirlas anuncia lucha que se habrá de sostener y de la que se saldrá vencedor después de haber rozado de cerca la derrota. Cuanto más elevada en la escala social esté la persona que profiere estas amenazas, mejor es el presagio para el que lo sueña.

IMPRENTA. Papeles de negocios, gestiones administrativas, formalidades o algo similar. La imprenta simboliza un personaje oficial al que deberá hablar el durmiente; por tanto, habrá de tener en cuenta su actitud para con él.

IMPULSO. Signo de equilibrio y de fuerza. Soñar que se salta en el aire sin esfuerzo y que se permanece en él significa la iniciativa del soñador; el tipo de esta iniciativa será indicado por el aspecto del aire o del cielo. Unirse a alguien de un solo impulso dado hacia él: se le llevará al terreno que se desea. Muy bueno para el amor.

INCENDIO. Véase FUEGO. Ciertos autores dicen que soñar con que hay fuego en la propia casa anuncia un gran éxito precedido de un período difícil. El incendio de una ciudad o de un campo presagiaría epidemia.

INCESTO. Reconciliación entre personas de una misma familia, separadas moralmente por una diferencia cualquiera.

INDIGENCIA. Se interpreta inversamente: anuncia el aumento mas o menos amplio de las disponibilidades financieras del durmiente. Parece ser que verse convertido en un mendigo harapiento asegura la llegada de una fortuna más o menos considerable.

INDIGESTIÓN. Soñar que se tiene una indigestión, cuando no hay ninguna causa física que determine este sueño, promete un beneficio usurario: una recompensa desproporcionada a los méritos del durmiente.

INFIERNO. La idea de infierno a veces resulta de un estado febril cuya causa no se puede discernir fácilmente, y en ese caso el sueño no tiene valor profético. Pero soñar con el infierno, sin sentir calor ni ningún mal físico, presagia adversidad bajo una u otra forma; encontrarse obligado a entrar en el infierno y escaparse de allí: iniciativa feliz que permitirá evitar peligros que se quería hacer correr al soñador.

INMORTALIDAD. El delirio onírico incluye la posibilidad de las mas fantásticas impresiones: se puede soñar que se es inmortal, lo que presagia pérdida de sólidas ventajas e incluso peligros corridos por satisfacer la vanidad.

INSOMNIO. Soñar que no puede uno dormirse: agotamiento, fastidio excesivo por futilidades. Este sueño presagia también que se aprovechan de la benevolencia del durmiente.

INTESTINOS. El aparato intestinal significa los bienes del sujeto a quien pertenece; por tanto, el estado de los intestinos y lo que les ocurra durante el sueño debe interpretarse en consecuencia.

INUNDAR. Mal presagio: indica que se tendrán negocios con personas poco agradables, duras, egoístas y recelosas.

INVITACIÓN. La invitación de un desconocido previene para que no se lleve a efecto una oferta o proposición que se recibirá; ser invitado por alguien a quien se conoce: gastos imprevistos; invitar a alguien: se recibirá una invitación.

INVULNERABILIDAD. Soñar que se es invulnerable equivale a una llamada a la prudencia; en general, todos los sueños en los que se está revestido de algún poder o prerrogativa supranormal traduce una insuficiente atención dedicada a los negocios, y una sobreestimación de los propios méritos o medios de acción.

IRIS. Novedad inesperada y agradable.

IZQUIERDA. Soñar que uno se sirve únicamente de su mano izquierda anuncia una útil protección de la que se obtendrá gran beneficio: pero utilizarla torpemente pronostica malestar, problemas de dinero.

JABALÍ. Representa un enemigo. Si pasa sin ver al durmiente o parece no prestarle atención: su adversario real está a la expectativa; si el soñador es atacado por el jabalí visto en sueños, el desenlace del combate le ilustrará acerca de la suerte que habrán de correr sus luchas reales.

JABÓN. Presagia que el durmiente recibirá, dentro de poco, aclaraciones sobre los asuntos enrevesados de su existencia.

JAMÓN. Si le es ofrecido al soñador, y si éste lo corta y lo come con satisfacción: esperanzas que se verán realizadas; si, por el contrario, el durmiente intenta consumirlo y no lo consigue: contratiempo.

JARDÍN. Generalmente, debe verse en un jardín observado en sueños el conjunto del dominio en la vida del soñador. El tamaño de este jardín, la riqueza y la hermosura de su vegetación, el número y la calidad de los frutos que en él descuellen, serán otros tantos puntos sobre los que apoyar la interpretación; atención también a lo que el durmiente hace allí. Los orientales ven en la tierra del jardín a la esposa del que sueña con él, e indican que ver dicha tierra impregnarse de agua presagia

un embarazo. Otro pronóstico notable por su singularidad: soñar que se hurta un fruto en un huer-
to perteneciente a una iglesia: incesto.

JARRA. En buen estado, y conteniendo algún
líquido saludable: aceite, vino, agua límpida, etc.,
anuncia la obtención de cosas útiles que se desean.

JARRO. Si contiene agua: bienes acumulados; lle-
varlo de este modo: riquezas para un pobre ,
matrimonio para el soltero, nacimiento para una
mujer casada, si es ella o su marido quien lo ha
llenado. Jarro de cristal, lleno de agua: embarazo.
Si el jarro se rompe sin que el agua se vierta:
muerte de la madre y salvación del niño; si el
agua se vierte sin que el jarro se rompa, ocurrirá
lo contrario. Si se nos da un pequeño jarro conteniendo agua: nacimiento de un hijo. Jarro de
dos picos, en el que se bebe agua dulce por un
lado y agua salada por el otro: incesto. Si el jarro
es de oro o de plata siempre encerrará un mejor
presagio que si es de tierra o de cristal. Otras
interpretaciones diferentes: cualquier jarro.
Lleno: matrimonio, o diligencias que se llevarán
a cabo cerca del soñador para un matrimonio.

JAULA. Llena: buen presagio si los pájaros son bo-
nitos y están bien; vacía: percance sentimental.

JOROBA, JOROBADO. La vista de varios joro-
bados o de uno solo, si se trata de hombres, se
dice que trae suerte. La onirocricia coincide con
esta opinión. Las mujeres jorobadas, por el contrario, indican un pronóstico enojoso. Si el dur-

miente se ve mortificado por una joroba, deberá
prever alguna posición ridícula.

JOVENCITA.   En este tema hemos de conceder la
palabra a la tradición: Ver una jovencita apenas
desarrollada: providencia, hermoso porvenir; ver
una desnuda: honores sin causa o sin mérito. Para
el resto, véase MUJER.
Ciertos autores hacen distinciones entre mujer y
jovencita, dando interpretaciones diferentes para
una y otra. Dar el brazo a una jovencita: buen
presagio; arrastrarla a la fuerza: pérdida de libertad; soñar que una jovencita da alguna cosa al
durmiente: fortuna; si le prepara una corona:
honores, elevación; recibir de ella una flor roja: se
tendrán muy buenas noticias; recibir de ella una
rama de albahaca deshojada: es una conminación
a ser constante y a tener esperanza en sus amores. Recibir un limón o raíces verdes de una
jovencita: el soñador sufrirá por ella; una manzana: ella acepta su amor; una rosa: buenas noticias
que el durmiente le dará; abrazarla o ser abraza-
do por ella: buena solución para los asuntos del
durmiente. Si éste sueña que una jovencita le
envuelve o le cubre con ropa de cama: la pedirá
en matrimonio y será aceptado; quitar el barro o
las manchas del vestido de una jovencita: se la sal-
vará de una mala boda; soñar que le prepara a
uno la cama: ella hará todo lo posible por casarse con el que lo sueña; si el durmiente sueña que
una jovencita le da de beber o de comer: éxito
en amor; matar a una jovencita: gran peligro, del

que se es causa involuntaria. (Halil-el-Masri, *loc. cit.*)

JOYAS.   La mayor parte de los autores coinciden en ver en las joyas, especialmente si son de oro, un desagradable presagio. Unicamente el sueño en que se vea extraer joyas de un cofre será de feliz augurio.

JUDÍAS.   Secas: acontecimientos satisfactorios; apenas germinadas: enfermedad; verdes: enfermedad de las más peligrosas; comer judías: infortunio, a veces encarcelamiento.

JUEGOS.   De azar: decepción; de destreza o de cálculo: buen presagio para los intereses del durmiente , salvo si se ve perder después de haber realizado grandes esfuerzos para ganar.

JUEZ.   Asistir a un juicio justo, que produce regocijo, augura excelentemente los próximos negocios del soñador; ver la representación de un mal juicio presagia un conflicto desastroso; si es el mismo durmiente quien reparte justicia: habrá de encontrarse en una situación peligrosa para su prosperidad.

JUNCO.   Representa a un individuo del que el soñador espera algo, pero cuya palabra es engañosa: no mantendrá sus promesas.

JUVENTUD.   Toda aquella persona a quien el soñador vea, en una edad específica, con apariencia más joven de la que ofrecía realmente a esa edad, tiene asegurada una larga vida.

LABERINTO. Situación inextricable; si, a pesar de todo, se encuentra la salida del laberinto, una solución imprevista ayudará a salir a flote.

LABOR. Salvo para el agricultor, a quien este sueño no suministraría ningún presagio a menos que se mezclase con otras singularidades a interpretar por separado, soñar que se laborea significa amargo despertar de las más dulces ilusiones; amargura nacida de la saciedad de los placeres sensuales. Símbolo perfecto de Maya: la gran ilusión.

LABORATORIO. Aumento de los propios conocimientos y de la propia instrucción.

LABRADOR. El hombre a quien se ve en sueños labrando la tierra, se ilusiona con su dicha actual, pero el soñador no tardará en verlo sumido en la tristeza. Si se trata de un desconocido: desgracia en la que uno se verá mezclado.

LACTANCIA. Muy buen presagio; augura un excelente parto a la mujer encinta. Si se ve uno criando a un ser del sexo opuesto, es un signo de prosperidad material para ambos.

LADRILLOS.   Éxito en una empresa o proyecto relativo a una cuestión de inmuebles, de construcción, de arrendamiento, etc.

LAGO.   Ver un lago de aguas límpidas y de bello color asevera lo bien fundado de los sentimientos y de las esperanzas del durmiente , así como la aurora del éxito; si las aguas están turbias: el soñador deberá desconfiar, por el contrario, de las personas en quienes había depositado su confianza y, así mismo , de sus propias decisiones. Atravesar un lago sin incidentes indica obstáculo superado. Verse transportado a un esquife por las aguas de un lago: retrasos y trabas en los proyectos del durmiente. Un lago desecado presagia ruina.

LÁGRIMAS.   Véase PENA.

LAMENTO.   Escuchar un lamento anuncia un infortunio para alguien a quien se conoce, infortunio en el que el soñador tomará parte de buen grado o circunstancialmente; soñar que es uno mismo quien exhala los lamentos: ayuda que se obtendrá.

LÁMINA.   Como todo objeto cortante, significa reconciliación con mujeres de las que se ha estado separado.

LÁMPARA.   Una lámpara encendida anuncia algún acontecimiento ventajoso para el soñador: presagia abundancia de ocupaciones provechosas, y paz en el hogar; una lámpara apagada anuncia tristezas. Ver un lugar iluminado por numerosas lámparas asegura una nueva prosperidad de los negocios del durmiente; soñar que se apaga una lámpara: se perderá por culpa de uno mismo una fuente de beneficios, de ventajas o de satisfacción.

LAMPARILLA. Encendida: protección; tener en cuenta el color de la pantalla, si la hay. Lamparilla apagada: el soñador es olvidado.

LANA. Buen presagio para la vida doméstica y los bienes; amasar lana, quemarla o vestir con ella a un animal: pérdidas.

LANCETA. Enfermedad de corta duración.

LANGOSTA. De mar: querellas; de tierra: disgusto colectivo del que participará el soñador.

LANZA. Tiene poco más o menos el mismo sentido que palo.

LÁTIGO. Pequeños fastidios domésticos.

LATÓN. Engaño.

LAUREL. Significa una persona amablemente dotada con la que se tendrán negocios; si se sueña tener una rama de laurel: matrimonio próximo y feliz.

LAVARSE. Buen presagio: indica que uno va a quedar desembarazado de un elemento de fastidio, de molestia y de discordia. Atención al aspecto del agua utilizada y al acto inmediatamente después del lavado.

LAZOS. Si se sueña romperlos: incidente que retrasa un viaje.

LECHE. Beberla: preservación, si se absorbe con placer; soñar con una mujer cuyos senos están llenos de leche: embarazo para esta mujer.

LECHUZA. Personaje importante, o colocado en una situación que pueda serlo para el soñador. Algunos dicen: amigo cuyos juiciosos consejos merecen tenerse en cuenta. El grito de la lechuza anuncia alguna desgracia que concierne a un ser querido. Matar o herir a una lechuza: presagio sumamente negativo.

LECTURA. Leer significa hallazgo, sorpresa, conocimiento de un secreto; la importancia del presagio está en relación directa con el interés de la lectura.

LEGUMBRES. Pequeñas molestias; generalmente barullo doméstico o que se refiere a la vida privada del soñador.

LEÓN. El león representa a un poderoso adversario; su vista anuncia algún formidable antagonismo. Si se sueña librar batalla con un león, ponerle fuera de combate o hacerle huir, esto presagia la superioridad del soñador sobre sus oponentes.

LIBRO. Véase LECTURA.

LICOR. Todo licor con base alcohólica significa un provecho ilícito que se obtendrá.

LICORISTA. Individuo que ha adquirido bienes por medios deshonestos; hombre cínico y poco escrupuloso.

LIEBRE. Lo mismo que conejo; ser perseguido por ella: deberá esperarse alguna impresión violenta.

LILA. Se tendrán negocios con una persona desinteresada; el durmiente se verá benévolamente comprometido.

LIMOSNA. Pedirla y recibirla: adquisición de nuevos conocimientos en la profesión del que sueña; recibirla sin solicitarla previamente: gastos onerosos en una circunstancia de la que se aguarda un provecho. Distribuir limosnas significa siempre prosperidad inesperada.

LIMPIAR. Visita.

LINO. Humillación.

LIRIO. Infecundidad, malogro, contratiempo .

LOBO. Adversario cauteloso y trapacero del que no debe esperarse ninguna consideración, ninguna humanidad. Lo que presagia depende de lo que suceda entre el soñador y él. La tradición indica que tener miedo de un lobo anuncia pérdida de la palabra.

LORO. Vecindad malévola.

LUCHA. Véase PEGAR.

LUJURIA. Participar en ella o experimentar alguna emoción sensorial ante su aparición en sueños: falta de autocontrol, dependencia material; permanecer impasible ante la incitación o asistir a alguna orgía permaneciendo incólume: buen equilibrio mental, fuerza, éxito.

LUNA. Cuando aparece luminosa, la luna anuncia una influencia dulce y benéfica; sombría o cubierta, presagia un momento de mala suerte. Si se ve el disco lunar destacándose en negro sobre el cielo, el pronóstico que se deriva de ello es siniestro: luto; asistir en sueños a un eclipse de luna indica sinsabores amorosos, pudiéndose llegar hasta la ruptura si no se ve el fin del eclipse. Vista sobre una extensión de agua, la luna predice un viaje. La luna llena, cuando se ve muy blanca, es el nacimiento del amor, el matrimonio; brillante y centelleante: excelente augurio para los asuntos del soñador. Luna rodeada de un halo: penas; luna enrojecida o sangrienta: peligros.

LUZ. Excelente siempre. Mejora de posición, valoración, notoriedad; aquel o aquella cuya situación se encuentre embrollada y que sueñe ver un fulgor rompiendo en la oscuridad, encontrará una eficaz e inmediata ayuda.

LL

LLAGA. Presagio funesto para la salud y los bienes, a menos que se vean cicatrizar las llagas. Es evidente que el sueño siempre concierne a la persona herida.

LLAMADA. Oír que uno es llamado sin poder precisar de dónde viene la voz: signo de muerte; si la llamada proviene de un personaje importante: prosperidad, elevación. Llamar a alguien: peligro para aquel a quien se llama.

LLANO. Verse en sueños en medio de un llano grande y bello indica: buen recibimiento, satisfacciones de toda naturaleza, acceso a una mejor situación.

LLAVE. Abrir una puerta desconocida con una llave significa entrar en una situación nueva; poseer un voluminoso manojo de llaves simboliza la adquisición o la posesión de bienes proporcionales al número de llaves. Si se sueña no poder hacer girar bien una llave dentro de una cerradura hay que ver en ello la imagen de dificultades que se encontrarán en el obtención de algo, generalmente de un favor, cerca de un personaje de elevada situación. Abrir una puerta y entrar en un local donde se encuentra una persona del sexo opuesto: matrimonio. Tener en cuenta la belleza y la opulencia del local, así como del sujeto que allí se encuentra.

LLORAR.   Satisfacción, contento, alegría al despertar. Mejor presagio que la risa. Llorar silenciosamente es de excelente augurio: acontecimiento dichoso. Si, no obstante, se sueña llorar la muerte de alguien, habrá que esperar alguna aflicción en la familia de ese alguien. Oír llorar mientras que se sigue un cortejo fúnebre: fallecimiento de un pariente o un amigo.

LLUVIA.   Soñar que llueve en todo el país: atenuación de los cuidados y las cargas si el sueño tiene lugar en la estación en que la lluvia es útil; significación contraria en otra estación. Si se ven piedras u otros cuerpos insólitos caer con la lluvia: tribulaciones; encontrarse bajo el chaparrón sin refugio a la vista: perjuicio que causará sufrimiento; encontrarse inmovilizado en un refugio por una lluvia torrencial: trabas, retrasos, impedimentos. Si cae un líquido que no sea agua, por ejemplo leche o vino, el presagio se basará en la excelencia del líquido de que se trate.

MACHO CABRÍO. Simboliza el papel que representa la sexualidad en la vida del durmiente; sólo es de buen presagio cuando se le desuella.

MADRE. Es de buen augurio ver a la propia madre en sueños y encontrarse en buena armonía y en amables relaciones con ella; pero si el soñador se ve discutiendo con ella, maltratándola o algo parecido, entonces el sueño anunciará una catástrofe.

MALECÓN. Anuncia que, próximamente, será ofrecida al soñador una ocasión de modificar su situación.

MALEDICENCIA. Murmurar anuncia algún disgusto; si en el sueño se murmura del durmiente: buen presagio .

MALTRATAR. Falta cometida por el soñador, de la que se sacará partido contra él; error de táctica, olvido grave, etc.

MANCHA. Si se ve una mancha y no se pudiera, o no se quisiera, hacerla desaparecer: falta cometida que no tardará en conocerse.

MANOS. Simbolizan los medios de acción del durmiente. Grandes, fuertes y sutiles: progreso material y moral; enjutas, pequeñas y torcidas: insatisfacción, impotencia, imprudencia. Manos blancas, proporcionadas, cuidadas: trabajo cómodo , éxito fácil; negras y duras: trabajo dificultoso y logros penosos.Véase también BRAZOS.

MANTEQUILLA. Este pronóstico es siempre excelente para los intereses materiales; si se bate significa herencia; si se come, beneficio inesperado; y, si, simplemente, se ve mantequilla, esto anuncia ampliación de los bienes en forma proporcional a la cantidad que se vea.

MANZANAS. Manzanas rojas: éxito amoroso muy brillante; verdes: disputas, enojos; bien maduras: esperanzas satisfechas. Todo ello refiriéndose a frutos vistos pero no tocados. Dar o recibir una manzana anuncia un matrimonio que saldrá bien si la manzana es roja y fracasará si tiene otro aspecto. Recoger manzanas presagia beneficios tan numerosos o importantes como las manzanas recogidas.

MANZANO. Hombre voluntarioso, útil y benevolente, que representa una ayuda recibida por el soñador.

MAQUILLAJE. Duplicidad, engaño, traición.

MAR. El océano, si se le ve de un bello color, en calma, tranquilo y, sobre todo, si el sol brilla en lo alto, anuncia los éxitos más brillantes, la coronación de las más caras esperanzas. La mar enfurecida pronostica la vuelta contra el durmiente de sus amigos, la traición de su amante, la mala conducta de su esposa y la ruina de sus ambiciones, a no ser que a este sueño venga a mezclarse algún presagio correctivo, como puedan ser el sol, las estrellas o una luna muy luminosa: en este caso el destino del soñador sufrirá una gran perturbación, pero él saldrá firme e indemne de la tormenta.

MARCHA. Marchar de prisa, erguido y con paso seguro: progreso, avance en los negocios, éxito sin trabas; caminar sin rumbo fijo: presagio de distracciones y de circunstancias disgregantes que desviarán al soñador de sus fines. Marchar hacia atrás: retroceso, pérdidas, contratiempo. Caminar cojeando: mala suerte.

MARINO. Convertirse en marino: incertidumbre, vida trastornada; ver uno o varios: acontecimientos inesperados.

MARIPOSA. Amorío, aventura galante.

MÁRMOL. Pronostica longevidad y bienes adquiridos mediante herencia, pero también anuncia un fin de existencia desprovisto de satisfacciones sentimentales.

MARTILLO. Negocio o trabajo que va a presentarse y del que se sacará gran provecho; buena ocasión.

MÁSCARA. Ver, en sueños, gentes enmascaradas constituye un enfadoso pronóstico: amenazas ocultas contra el soñador; odios disimulados que le acechan; hipocresías con respecto a él.

MASTICAR. Desavenencias.

MATADERO. Desierto: peligro, enfermedad, duelo o tristeza con ocasión de un óbito. Si el matadero se ve lleno de animales: buen presagio.

MATAR. Matar a alguien: bienes y prosperidad para la víctima; ser matado: véase MUERTE; ver matar: mal presagio.

MATRIMONIO. Estar en vísperas de casarse sin haber visto al cónyuge, según dice la tradición, es signo de muerte o de homicidio. Ver casarse a alguien o soñar que ha terminado el matrimonio de alguna persona a quien se conoce significaría la muerte de esta persona. Asistir a un casamiento es mal signo. Soñar que uno se casa, y ver claramente a su pareja, anuncia un cambio tanto más provechoso cuanto mejor aspecto físico y moral tenga la persona con quien se desposa. Una mujer que sueña casarse con un hombre que la corteja será pronto su amante.

MEDIAS. Si se sueña llevar medias sin zapatos pronto se encontrará uno en una situación embarazosa, en escasez material, por ejemplo. Ver medias de algodón, de hilo o de seda, en buen estado y agradables a la vista: ganancias, donaciones, herencias. Quitarse las medias: cambio de situación. Ver medias en penoso estado: se será objeto de promesas por parte de una persona que no merece ninguna confianza.

MEDICAMENTO. Se interpreta como alimento; si el soñador los toma fácilmente, los elementos de su destino son favorables en la actualidad; si tienen mal gusto, y sobre todo si le inspiran una repulsión incontenible: su vida peligra.

MÉDICO. Generalmente bueno. Significa una ayuda cualquiera en un caso en que las propias luces no basten.

MEDIDA, MEDIR. Signo de viaje, de desplazamiento más o menos lejano.

MEDITACIÓN. Medios que se descubrirán para llevar a cabo los propios planes; signo de protección providencial.

MÉDULA. Ocasión poco aparente, pero real, de un beneficio muy apreciable; invitación a examinar más de cerca los propios negocios; a veces indica que se está cometiendo una pequeña negligencia cuyas consecuencias pueden ser graves.

MEJILLAS. Se refiere a la salud: bellas, con un tinte puro y uniforme: salud y prosperidad; mejillas hundidas o de feo aspecto: enfermedad, peligro. Soñar que se ve sangre en las mejillas de una persona anuncia su defunción.

MEJORANA. Ayuda durante un corto período de decepciones y de amarguras.

MELOCOTONERO. El árbol de este nombre representa a un personaje del que se puede obtener mucho. Si se cogen sus frutos, se sacará partido de dicho personaje.

MELOCOTONES. Véase. FRUTAS. Se dice que los melocotones verdes o soñados fuera de estación presagian alguna enfermedad. Todo fruto bien maduro y agradable al gusto es de buen augurio.

MELÓN. Ver melones o comerlos: peligrosa enfermedad, penas, duelos. Ver un gran número de estos frutos: enfermedad epidémica de la que se resultará atacado.

MENDIGO. Molestias, problemas, existencia perturbada y cansina durante un período, al término del cual se llegará a la prosperidad deseada.

MERCADO. Representa el teatro de la existencia, el lugar donde se desarrollan habitualmente los asuntos del soñador, y las gentes observadas son aquellas a las que ve de ordinario. Interpretar este sueño según lo que se vea y lo que se haga en el mercado. Ver simplemente un mercado permite al soñador prever si su vida va a ser animada o no, según el movimiento más o menos intenso que observé en su sueño.

MESA. Una mesa puesta pronostica un agradable porvenir; mesa que se levanta: amenaza para la longevidad; mesa rota: desgracia; mesa volcada: viaje o mudanza.

METAMORFOSIS. Cambio de posición para el metamorfoseado; hay que observar si el cambio es a mejor o a peor, y extraer el presagio correspondiente.

MIEDO. La emoción experimentada en sueños no tiene, en sí misma, una significación precisa: confirma el mal presagio que puede haber en el sueño que ha provocado ese miedo y esa angustia.

MINA. La mina se refiere a todos los bienes que están escondidos, no aparecidos ni conocidos aún, como los tesoros, los productos de la tierra, una ciencia nueva, etc., y a veces a un mal desconocido. Para un agricultor, ver una mina es signo de recolección; para un comerciante, beneficios provenientes de cosechas; para un sabio: descubrimiento, fundación o institución de una nueva ciencia; y cuando sueña con distribuir lo que encuentra en la mina, esto es signo de utilidad pública procedente de su descubrimiento, o de la nueva ciencia fundada por él. Para un soberano en guerra, una mina es signo de victoria, con la conquista de una ciudad fortificada; para el infiel o el hereje, anuncia que él extenderá la cizaña entre el pueblo, con perjuicio general.

MIRLO. Maledicencia cometida con respecto al soñador.

MIRTO. Sueño demasiado extraño para tener mucho interés; unos lo asimilan al anuncio de relaciones con mujeres galantes; otros dicen que ver mirtos en sueños indica la duración, la exactitud de un esfuerzo emprendido.

MITOLOGÍA. Todo personaje de la mitología apareciendo en el curso de su sueño guarda la significación acostumbrada.

MOLER. Verse moler, o moler una sustancia cualquiera: perturbación en la casa.

MOLINERO. Su edad indica aquella en la que desembocarán los esfuerzos del durmiente, en la que éste deberá esperar el término general de su vida. Su aspecto orientará acerca del tipo de las esperanzas del soñador, más bien relativas a la cuestión de dinero o de situación que a cualquiera otra.

MOLINO. Ver un molino girando útilmente, es decir moliendo algo, indica éxito a pesar de las apariencias o de las malas predicciones que hayan sido hechas; si se ve girar el molino en vano, se extraerá el presagio inverso.

MONTAÑA. Dificultad. Si se escala fácilmente y se llega a la cumbre: tarea bien realizada; si la subida es penosa o si uno se encuentra detenido: deseos irrealizados, fracaso; derribar una montaña: suprimir una competencia o aniquilar a un adversario. Ver, al subir, un plenilunio blanco y dulcemente brillante: el soñador logrará llegar junto al objeto de su amor. Bajar una montaña: retroceso.

MONTURA. Toda montura representa las energías movidas por la voluntad.; por tanto, la calidad de esta montura y la forma segura, vacilante o insuficiente en que se dirija indican los presagios que deberán extraerse. Si el durmiente ha decidido utilizar tales o cuales medios para llegar a un resultado, la montura con la que sueñe representará esos medios.

MORAS. Ventajas obtenidas por la ayuda amistosa de una mujer.

MORDAZA. Sentirse amordazado o ver amordazar a alguien: accidente .

MORDEDURA. Sufrir una: se sufrirá a causa del rencor de un enemigo, de un despecho que se ha provocado o de un resentimiento cualquiera. Morder a alguien: se le perjudicará.

MORTERO. Infidelidad.

MOSCA. Molestias.

MOSTAZA, MOSTACERO. Mal presagio: disgustos de diversa índole sobrevendrán al mismo tiempo; período de irritación, de enervamiento, de calentura. También puede significar inflamación de la mucosa naso-bucal.

MOVER. Es bueno soñar que uno se mueve con facilidad, e incluso con el esfuerzo de la voluntad únicamente, sin que los miembros participen en dicho esfuerzo. Esto es signo de iniciativa feliz. Por el contrario, moverse dificultosamente presagia alguna traba.

MOZO DE CUERDA. Representa a un individuo atento y poderoso del que se recibirá ayuda
o apoyo.

MUCHACHO. Véase HOMBRE.

MUCHEDUMBRE. Signo de acrecentamiento
de la importancia del durmiente. Este representará un papel más considerable.

MUDO. Verse mudo en sueños o afligido por una
gran dificultad de palabra: obstáculo en relación
con las cosas de que se pretende hablar. Tener
dificultades para hacerse entender por un mudo:
el soñador sufrirá una injusticia a causa de no
haber tenido las circunstancias a su favor.

MUERTE. Verse muerto: matrimonio; para el
que ya está casado, separación: en ambos casos
cambio importante. La muerte siempre ha sido
utilizada por los antiguos como símbolo de cambios radicales.
Una mujer encinta que sueñe con su propia
muerte dará a luz felizmente. Verse ya amortaja-
do: viaje lejano, agradable y provechoso; verse en
un ataúd depositado en la tierra: encarcelamiento. Soñar que una persona ausente está muerta:
muy buen presagio para su salud y su porvenir.
Llorar la defunción de alguien a quien se conoce: grave enfermedad para esta persona. Un
muerto de la familia del durmiente a quién éste
vuelve a ver en sueños aprueba o reprueba su
conducta, según que se muestre tranquilo y
benevolente o triste y colérico.

MUJER. Ver en sueños una o varias mujeres bonitas a quienes se mira con placer pero sin una emoción especial significa el éxito de las ambiciones del soñador. Es imposible asignar un sentido a los sueños en que se mezcla la sexualidad, porque más bien testimonian deseos insatisfechos o descontrol personal.

MULETAS. Servirse de ellas: mala suerte en el juego. Verlas sin dueño: peligro del que se acaba de escapar. Ver a alguien a quien se conoce, sin piernas y ayudándose de muletas en el sueño: se espera un servicio de él.

MULO. Véase MONTURA. Por otra parte, uno o varios mulos pueden anunciar, bien la infecundidad de la esposa, o bien el éxito en el trabajo y la explotación agrícola. Quedando entendido que si este animal cocea, muerde o derriba a su caballero, el presagio es desagradable.

MURO. Soñar que se camina y que se encuentra un muro que corta el camino presagia evidentemente un obstáculo. Verse en una habitación de fuertes y altas paredes o en un cercado significa seguridad; encontrarse obligado a permanecer entre muros, sobre todo si están demasiado aproximados: triunfo de los adversarios o, simplemente, fracaso. Si en el curso del sueño uno llega a situarse en lo alto de un muro, excelente pronóstico: curación para un enfermo, liberación para un prisionero, retorno de la fortuna para aquellos que están en la adversidad.

MÚSCULOS. El durmiente que ve sus propios músculos está siendo prevenido de un ataque cualquiera, no forzosamente muscular, pero siempre serio; ver los músculos de otro: se le teme bastante.

MÚSICA. Escuchar música es generalmente de buen augurio; aun así, hay que tener en cuenta el carácter de las melodías con que se sueña. Este sueño pierde su valor para el melómano en cuya memoria se despiertan fácilmente los ritmos más variados.

N

NABA, RABANETE. Comerlos: dolores y duelos.

NADAR. Ante todo importa el aspecto del agua; por tanto, ver esta palabra; en segundo lugar, la facilidad o dificultad con que se nada. Nadar en una extensión muy grande de agua, sin que nada se oponga a la velocidad del nadador ni a la libertad de sus movimientos, presagia un vasto e importante campo abierto a su actividad; encontrarse súbitamente arrebatado por una corriente, indica: presunción, imprudencia, peligro.

NALGAS. Cuando este sueño no es señal de gustos callipígicos, significa murmuraciones. Soñar que a uno se le descubren las posaderas: afrenta.

NARANJA. Alegrías mezcladas con tristezas. (Tradición.)

NARCISO. Llegada de una separación que se desea; satisfacción de deseos que, de ningún modo, se atreve uno a formular.

NARIZ. Soñar que se tiene la nariz cortada o suprimida de alguna forma, sea la que sea: defunción en la familia; verse una nariz muy desarrollada tanto a lo ancho como a lo largo: libertinaje.

NAUFRAGIO. Si se sueña con el naufragio de un barco hundiéndose de golpe en el mar sin causa aparente, el pronóstico es feliz pero impreciso. Un naufragio con tempestad o colisión, siempre que el navío esté quebrado y destruido, es una catástrofe siniestra que se anuncia al durmiente: vida fracasada, ruina de las esperanzas, etc. Este presagio quedará corregido si el soñador se ve logrando salvarse sobre alguno de los restos del navío.

NAVAJA DE AFEITAR. Ver una: invitación a la desconfianza y a la circunspección, sobre todo si está cerrada; cortarse con una o servirse de ella para defenderse: síntoma de útil y sólida defensa.

NEGAR. Un sueño en el curso del cual se niega algo sin interés personal inmediato: iniciativa generosa que dará sus frutos.

NEGOCIANTE. Soñar que se ejerce la profesión de negociante, y ello en una atmósfera de actividad: se acrecentarán los recursos del soñador, al que, además, se le predice un gran porvenir financiero. Si se conoce a un comerciante y se sueña con él viéndole sostener una lámpara, dicho comerciante se arruinará.

NEGRO. Presagio tanto más penoso cuanto más oscura sea la raza a que pertenezca el hombre en cuestión.

NENÚFAR. Obstáculos, retrasos, contrariedades amorosas; a veces, debilitación debida a los excesos.

NIDO. Si contiene pájaros o crías: beneficios; vacío: pérdida, descalabro; si se encuentra en él una serpiente o cualquier otro animal dañino: hay un traidor en casa del durmiente o cerca de él.

NIEBLA. Incertidumbre. Advertencia de que se utilice la circunspección antes de tomar las próximas decisiones.

NIEVE. Mal presagio para aquel que se vea cubierto con ella o sienta su frialdad; seguridad excepcional si se ve la nieve desde el interior de un local cerrado y suficientemente cálido.

NIÑOS. Ver recién nacidos presagia problemas más o menos importantes, según el número de niños. Ver a un niño mamando: preñez; tener uno en los brazos: felicidad.

NÍSPEROS. Fastidioso cambio en la situación del soñador.

NOBLES, NOBLEZA. Locura, megalomanía, delirios de grandeza, todo ello referido a una persona de la familia del durmiente.

NOCHE. La emoción agradable o penosa que se experimente durante este sueño indica seguridad para los secretos del soñador, en el primer caso, y peligro imprevisto, en el segundo. Así mismo, hay que tener en cuenta el cielo, las estrellas o la luna que se vean en el sueño y las cosas que puedan distinguirse en la claridad.

NOVEDAD. Soñar que se recibe una carta o noticias verbales de alguien, anuncia siempre la inmi-

nencia de una sorpresa, de un elemento inesperado pero forzosamente en relación con la persona de que se trate en el sueño.

NUBE. Véase CIELO.

NUDO. Anudar alguna cosa para recomponerla:
retorno de la suerte. Hacer o ver un nudo en una
camisa: beneficio comercial; en una cuerda:
mejoría moral; en un pañuelo: cambio de cria-
dos; en un pantalón: unión. Si es otro el que hace
el nudo: contratiempo. Deshacer un nudo en
sueños significa solucionar una dificultad.
Adaptar el significado a lo que ocurra a lo largo
de todo el sueño; así, si alguien toma de las
manos del soñador un anudamiento para desha-
cerlo porque él no puede, indica que alguien le
desembarazará de una carga.

NÚMEROS. Si el número soñador es superior a
22, se le reduce según el método al uso en ocultismo , es decir sumando las cifras que lo componen, en sentido horizontal. De este modo
66.609 es igual a: 6 + 6 + 6 + 0 + 9, o sea: 27.
Como este último número todavía es mayor que
22, se repite la operación: 2 + 7 igual a 9.
El sentido de los veintidós arcanos mayores del
libro de Thot proporciona el presagio correspondiente.

1. Habilidad, diplomacia, destreza, iniciativa.
2. Misterio, esoterismo.
3. Germinación, incubación, fecundidad, vir-
   tualidad .

4. Estabilidad, duración, certeza.
5. Inspiración, intuición.
6. Amor, atractivo, imantación.
7. Providencia.
8. Justicia, equidad.
9. Prudencia, circunspección.
10. El Destino, elevación o caída.
11. Fuerza, energía, eficiencia.
12. Sacrificios, pruebas.
13. Muerte, terminación de un ciclo.
14. Metamorfosis, cambios, mutaciones.
15. Fuerzas fatales y su resultante.
16. Catástrofe, embrollo.
17. Influencias providenciales, esperanza.
18. Tinieblas, sortilegios.
19. Revelación, solución.
20. Sorpresa.
21. Inconsciencia, vértigo, aberración.
22. El Absoluto, el gran logro.

OBESIDAD. Ver en sueños que uno se ha vuelto obeso: cambio de situación en el que se echará de menos la antigua condición.

OBJETO. De hermoso aspecto, sobre todo si está nuevo y en perfecto estado, un objeto cualquiera anuncia un beneficio proporcional a su valor o a su singularidad; usado, roto y feo significaría lo contrario.

OBLEAS. Anuncia alguna sorpresa de poca importancia.

OBREROS. Prosperidad. Verles trabajando: abundancia. Si, en el curso del sueño, hay obreros en casa del durmiente realizando trabajos que él no ha proyectado en estado de vigilia: disensiones con los vecinos.

OCAS. Cuidar ocas: el soñador obtendrá la abnegación benévola de sus inferiores; comer oca: beneficios; ver hermosas ocas: encuentro galante con consecuencias.

ODIO. Sentir odio contra alguien: disgustos; encontrarse con una persona que guarda rencor al durmiente: buen presagio, apoyo, amistad.

ODRE. Representa a una señora anciana y benevolente para con el soñador.

OFICINA. Tribulaciones, circunstancias que harán gastar inútilmente las propias energías.

OJO. Significa todo aquello que produce placer al observarlo: objetos y especialmente personas. Ojos desorbitados o heridos: mal para un ser querido, para un hombre si se trata sólo del ojo derecho, para una mujer si es el izquierdo.

OLA. Sentirse llevado por las olas indica la inestabilidad de la presente posición en que uno se encuentra; en algún momento crítico de la vida este sueño indica también que se logrará salir a flote pese a los obstáculos. Aquellos que sueñan con estas cosas, a menudo han de pasar por duras pruebas, pero adquieren una mayor fuerza y finalmente salen victoriosos de todas las adversidades posibles.

OMBLIGO. Hay distintas opiniones al respecto. Artemidoro interpreta el sueño de aquel que ve un ombligo como presagio de la pérdida de sus padres; Halil-el-Masri dice que el ombligo visto en sueños representa a la mujer con la que se tienen las más fuertes ataduras.

OPRESIÓN. Sufrir alguna opresión moral en sueños presagia el término de una inquietud; oprimir a alguien: mal signo, desdicha.

ÓPTICO. Representa a un individuo del que ordinariamente se reciben consejos; éstos serán positivos o negativos según las características exteriores del óptico visto en sueños. Por ejemplo, un óptico cojo o miope simboliza consejos desastrosos.

ORDEÑADOR, ORDEÑAR. Ya se vea uno mismo, ya se vea a otro ordeñando un animal, esto significa beneficios obtenidos de una ocasión momentánea.

OREJA. Las orejas vistas en sueños, lo mismo si se trata de las propias que si se trata de las ajenas, se refieren a la esposa, a la amiga o a las hijas.

Verse las orejas mas bonitas de lo que son en realidad: dinero; orejas muy grandes: afrenta; pequeñas y bien modeladas: protección útil, amistad de una persona poderosa.

Verse con una sola oreja: óbito en la familia; con media: muerte de la amiga, de la esposa, y a veces de la madre o de la hija. Este último pronóstico queda precisado cuando se sueña perder una oreja.

ORGULLO. Experimentar en sueños un intenso sentimiento de orgullo que las demás circunstancias de dicho sueño parecen no justificar: caída, pérdida de posición, catástrofe.

ORO. Si se sueña encontrar oro o llevar un cetro, una sortija o un collar de oro, debe extraerse de ello el presagio de un descubrimiento útil, de una nueva prosperidad o de dignidades. En los demás casos, el oro parece ser una predicción nefasta. Verlo: pérdidas; romper una vajilla de oro: muerte de un subalterno o auxiliar; fundirlo: litigio que perjudicará la reputación.

ORTIGA.   Sueño anunciador de alguna lujuria.

OSO.   El oso significa o representa generalmente un hombre o una mujer fuertes, hábiles, maliciosos, que se complacen en el mal; también representa un ladrón, un enemigo rico e influyente que se esfuerza en perjudicar al soñador. Si uno es acometido por un oso o se le ve entrando en la propia casa, hay que esperar algún ataque cuyo resultado quedará sin determinar, a menos que la continuación del sueño lo precise. Subir sobre un oso o matarlo, buen signo: el soñador vencerá a sus adversarios. Una mujer que sueñe con un oso debe desconfiar de rivales o de envidiosas.

P

PACTO. Sueño menos peligroso estando dormido que despierto. En todo caso es testimonio de una impresionabilidad morbosa.

PADRE. Véase PADRES. Ciertos autores dicen que soñar con el propio padre cuando en la realidad está muerto, siempre es un buen signo: consuelos morales; pero si se sueña que el padre, muerto, quiere llevarse con él al durmiente o le dice que ya está muerto, como él: advertencia siniestra.

PADRES. Soñar con los padres: noticias. Si están muertos y en el sueño se ven vivos: acontecimiento próximo cuyo carácter podrá deducirse de la expresión tranquila o agitada del rostro de los padres. La cólera del padre o de la madre sería un presagio muy desagradable.

PAJA. En manojos: prosperidad de comercio, abundancia, riqueza; paja esparcida: mal presagio; quemarla: buen signo en general; llevarla o verla llevar a un lugar público en el que se la prende fuego: honores, gloria y fortuna. La paja desmenuzada para comida de los animales es signo de grandes bienes y de abundancia para quien la posee, particularmente para quien sueña que la hace entrar en su casa. (Halil-el-Masri, *loc. cit.*)

PÁJARO. En general, buen presagio, noticias y visitas agradables. Capturar un pájaro vivo: relaciones amistosas, unión; pájaro que se escapa y se echa a volar: ruptura. Destruir uno o varios pájaros: altercados y discordia, salvo si se trata de un pájaro dañino, lo que equivaldría a una victoria sobre uno o varios adversarios. Sacar pájaros del nido: si están vivos y se dejan coger fácilmente: nacimiento feliz. El grito de los pájaros es de buen agüero.

Todo pájaro visto sobre alguien representa a ese alguien y desvela sus intenciones: pájaro blanco o al menos de color claro: buena intención; negro u oscuro: malas intenciones. Poseer pájaros o verlos revolotear por encima de la propia cabeza indica satisfacción segura tanto en negocios como en amor; ver una bandada de pájaros que se dirige rápidamente hacia el soñador: amenaza grave.

PAJITA (para sorber líquidos). Medio de acción.

PALACIO. Representa a algún personaje importante o también algún proyecto de acceso bastante lejano para el durmiente; a veces presagia incluso la prisión. Observar si se está lejos del palacio, si se llega adonde se encuentra y si se entra en él, e interpretar en consecuencia.

PALAFRENERO. Intermediario entre el soñador y sus nuevas relaciones. Si el palafrenero visto en sueños tiene el rostro de un hombre a quien conoce el durmiente, procurará a éste nuevas relaciones; en el caso contrario habrá de esperar el encuentro con un tercero que le conducirá hasta otras personas.

PALIO.   Verse bajo palio presagia alguna dignidad, especialmente si sus colores apoyan el pronóstico.

PALMA.   Tener la palma de la mano muy abierta: acrecentamiento de los propios bienes; tenerla cerrada, estrecha: pérdidas; tenerla velluda: deudas. Verse crecer algunas vegetaciones en la mano: infidelidad de la que se es víctima.

PALMERA.   Representa la familia y los bienes del soñador, por lo que es un buen augurio soñar con una palmera de hermosa apariencia y cubierta de frutos; ver talar o derribar una palmera pronostica un duelo; ver una palmera, en buen estado general, con varias ramas quebradas o con el tronco estropeado: alguien de la familia del durmiente o él mismo puede esperar un acontecimiento desagradable.

PALOMA.   Ver volar una paloma a grandes aletadas: noticias de un ser querido; si se posa ante el soñador, las noticias serán como éste las desea; capturar una paloma o escuchar su grito: esponsales, matrimonio. Paloma que se escapa justamente en el momento que se la toca: ruptura de proyecto de unión , o divorcio. El hombre que sueña que le corta las alas a una paloma tendrá disgustos a causa de un embarazo del que es responsable.

PALOS, BASTONES. Signo de apoyo por parte de las personas a quienes necesita el durmiente, de sus colaboradores y de sus colegas en lo relativo a los negocios. Por tanto, si se sueña tener un bastón roto, este apoyo faltará; si se quiebra mientras lo tiene el soñador, sus aliados serán ineficaces; si el durmiente recibe golpes dados con un palo significa que sus proyectos o sus apoyos se vuelven contra él. Pero tener un bastón de bella estampa, de buena madera y de aspecto sólido indica al soñador que sus planes están bien urdidos y van por buen camino.

PAN. Salud, beneficios, seguridad en los negocios. A veces anuncia el matrimonio a un soltero de sexo masculino. El buen presagio del pan se especifica como sigue: pan blanco: vida mundana, éxito personal; pan de cebada: salud; pan de centeno: dinero. Panecillos: beneficios poco importantes. Se dice que soñar con un pan empezado suministra un presagio sobre la longevidad del soñador: efectivamente, el pan que se ve equivale, entero, a la duración de un siglo; por tanto, lo que parezca faltarle muestra en qué cantidad serán acortados los días del durmiente. Soñar que se distribuye pan es un excelente augurio para el futuro.

PANADERO. Significa los beneficios profesionales y anuncia que serán considerables.

PANTALÓN. Para un hombre, esta prenda de vestir significa movimiento. Un enfermo que sueñe con pantalones estará pronto en pie, si los ve en buen estado y cerca de él; verlos de un tejido distinto del que están confeccionados los suyos: viaje. Para una mujer, el pantalón o cualquier tipo de ropa que lo sustituya trata de su vida íntima; la tradición indica que hacer un nudo en esta prenda anuncia matrimonio; y esforzarse en hacerle un nudo sin llegar a conseguirlo pronostica contratiempos en un proyecto de unión.

PANTERA. Mujer enemiga.

PAÑOS. Soñar que se es envuelto en paños de cama pronostica un peligro. Recibir de alguien un paño blanco: matrimonio.

PAPEL. Si se trata de un papel sin escribir, lo que suministrará el presagio será su color; papel escrito, pero que se guarda sin leer: herencia: papel que envuelve alguna cosa: embarazo; papel en el que se advierte un sello cualquiera: contienda jurídica, proceso.

PARAGUAS. Desplazamiento.

PARAÍSO. Verse entrar en el paraíso: curación para el enfermo y dinero para el pobre; terminación de la pena para el (o la) amante infortunado; matrimonio para el que lo desea. Si en el momento de ir a entrar el acceso se hace imposible bruscamente: muerte del padre o de la madre. Se dice también que verse llevado e introducido al paraíso por alguien desconocido anuncia la muerte.

PARÁLISIS. Si este sueño no viene determinado por algún estrago interno precursor de una parálisis real, anuncia despilfarro y dilapidación de los propios bienes.

PARARRAYOS. Precauciones útiles, riesgos evitados, peligro conjurado.

PARRA. Véase UVA.

PASTEL. Todo lo que se refiera a confitería, pastelería, helados de frutas, etc., significa voluptuosidad.

PASTELERÍA. Todo alimento azucarado, dulce, almibarado, pronostica amables relaciones con mujeres bonitas, pero no necesariamente relaciones sensuales.

PASTOS. La mayor parte de los oniromânticos interpretan este sueño como anuncio de desacuerdos familiares.

PATINAR. Circunstancia difícil de la que se saldrá con sutileza, a condición de no caer ni ser atropellado durante el sueño en que se patina.

PATO. Oír a varios patos chapoteando y dando voces: murmuraciones acerca del soñador. En todos los demás casos, buen signo; comer pato, cazarlo o criarlo anuncia buen entendimiento con las mujeres y éxito financiero.

PAVA. Simboliza cualquier aberración en la que se corre el riesgo de caer.

PAVO REAL. Extraño o extraña; sorpresa; modificación de la opinión del durmiente sobre personas conocidas.

PECADOS. Si se ve uno actuando y teniendo, al mismo tiempo, la impresión de estar cometiendo un pecado, se contraerán deudas; se encontrará una asistencia financiera momentánea.

PECHO. El pecho es signo de erudición, de saber, de ciencia, de afabilidad, de piedad y de rectitud, y su interpretación deberá hacerse según la anchura del pecho. El pecho ancho suele ser signo de generosidad; el estrecho, de avaricia. El pecho a veces se refiere a la bolsa o a la caja fuerte del soñador. Soñar que se tiene el pecho de piedra: corazón duro; si se sienten molestias o dolores en el pecho: dinero malgastado. También se considera el pecho como: signo de esperanza, de amistad, éxito, salud y alegría. Pecho hermoso, ancho y fuerte: longevidad, bienes, grandes éxitos en los negocios, fuerza; todo lo contrario si se sueña tenerlo flaco y enclenque. Pecho velludo, fuerza, bienes, prosperidad y grandes beneficios para un hombre; para una mujer: viudedad o separación.

PEGAR (SE). La persona contra la que se pega el durmiente significa las dificultades que éste habrá de vencer: las peripecias y el resultado de la lucha

le darán la pauta sobre sus futuros éxitos o desca-
labros.

PEINAR Peinarse los cabellos o la barba: enderezamiento de los negocios, mejoras en el cultivo
de las tierras, si se tienen; para un afligido: acontecimiento que calmará su dolor.

Por otra parte, se pretende que peinarse fácilmente sea signo de amistad, de grandes y honra-
dos beneficios, de alivio de las penas y las preocupaciones; peinarse difícilmente: éxito, acompañado de disgustos en los negocios. Peinar a
alguien pronostica, según los mismos escritores,
la paciencia y el olvido de las injurias; si se le
peina con dificultad: engorros de comercio; pero
si se peina a otro con facilidad: prosperidad y
abundancia. (Halil-el-Masri, *loc. cit.*)

PEINE. Ruptura.

PELÍCANO. Presagia que se corre el riesgo de ser
víctima de alguna necedad o locura; accidente
causado por un demente.

PELOS. De una manera general, soñar con pelos
significa fuerza y vigor. Verse pilosidades que
salen sobre toda la superficie del cuerpo: embarazo de la esposa; verlos caer a menudo: empobrecimiento. Si la atención del soñador se siente
especialmente atraída por pelos muy largos que
le crecen en las axilas, esto será el presagio de una
vida mundana, voluptuosa y disoluta. Los pelos
blancos , la ausencia de pelos o el acto de afeitar-
los anuncian la pobreza y la ruina.

PELLIZA. Lo mismo que las pieles, las pellizas anuncian siempre la prosperidad, la munificencia y las prodigalidades de las que se puede sacar provecho.

PENA. Se interpreta inversamente, al menos en el caso en que el soñador sienta una pena personal y no una emoción más o menos desagradable a la vista de algún espectáculo.

PENDIENTES. Si una mujer se muestra en sueños muy atenta a sus pendientes, y sobre todo si los encuentra diferentes de los que posee en la realidad, esto es signo de matrimonio o de embarazo. Un hombre que sueñe que lleva pendientes contará con esta predicción: matrimonio con una persona de rango distinto del suyo.

PERAL. Hombre de cortos alcances del que se sacará provecho.

PERAS. Coger peras: herencia; comerlas: se tendrá noticia de una muerte; ver hermosas peras bien maduras y en su época: logros, coincidencia de los acontecimientos con los deseos.

PÉRDIDA. Toda pérdida con que se sueñe corresponde a una falta ya cometida y cuyas consecuencias se verán muy pronto.

PERDIZ. Augurio de amor. La mujer que sueñe con perdices, está encinta o va a estarlo; el hombre que vea perdices verá multiplicarse su buena fortuna; capturar uno solo de estos pájaros indica unión con una mujer notable.

PEREGRINACIÓN. Sueño anunciador de penosos deberes que habrá que cumplir.

PERFECCIÓN. El sentimiento de ejecutar una cosa de modo perfecto presagia alguna imprudencia perjudicial cometida durante la víspera.

PERFUMES. Significan la reputación del durmiente; si sueña con olores suaves indica que está muy bien considerado; por el contrario, las substancias desagradables al olfato pronostican el agravio que se le causa mediante la palabra. Soñar que uno se esfuerza en captar el olor de un frasco sin conseguirlo: insignificancia, falta de influencia personal, incapacidad de inspirar confianza en el propio entorno.

PERGAMINO. Complicaciones que van a sobrevenir súbitamente en los negocios del soñador; problemas suplementarios.

PERLAS. Las perlas se traducen en una predicción compleja, puesto que en su sentido general significan riqueza, lujo, elevación, pero también lágrimas y tristezas. Verse poseyendo numerosas perlas, venderlas, contarlas, en una palabra considerarlas como un valor, permiten atenerse especialmente a la primera parte del presagio. Si se sueña usar las perlas como adorno, sobre todo si tocan la piel, entonces significará más bien penas y sinsabores.

PERRO. Un perro de tamaño ordinario visto en sueños representa una sólida amistad que se profesa al soñador; si éste ve al perro pelearse con otros, habrá un altercado cualquiera con respecto a él; si un perro corre detrás del durmiente, atención a una provocación que se presagia de este modo; un perro rabioso será de mal agüero, salvo si en su sueño el durmiente consigue matarlo. Un perro flaco y lastimoso anuncia que uno de los amigos del soñador se encuentra en la aflicción. Ser mordido por un perro: el durmiente será atacado por un contrincante, un rival, un adversario o un enemigo cualquiera. Los orientales ven en la perra una mujer frívola.

PESAR. Pesar mercancías u objetos usuales: beneficios proporcionales a la cantidad pesada. Pesar objetos extraños: ver el nombre de estos objetos y recordar que se tendrá una pequeña aventura muy singular relacionada con el presagio suministrado por el objeto en cuestión; pesarse y encontrarse más grueso: buen signo; encontrarse más delgado: empobrecimiento.

PESCAR. Soñar que se pesca y que se cogen los peces que se desea significa claramente un éxito completo; lo contrario indicaría un contratiempo. Ahora bien, sacar del agua cualquier otra cosa que no sea. un. pez indica que, buscando un beneficio o persiguiendo un objetivo cualquiera, se obtendrá algo en lo que no se había pensado. Observar lo que significa la cosa pescada de este modo. También tiene importancia para la predicción si el agua está clara o turbia. Véase AGUA.

PESQUISA. Soñar que se hacen pesquisas en la propia casa: anuncio de violentas contrariedades; investigar o verlo hacer en casa de un amigo: contratiempo para el durmiente por causa de dicho amigo; en casa de un adversario: el soñador descubrirá cosas que el otro le encubre.

PESTE (u otra epidemia cualquiera). Anuncia siempre una calamidad pública, generalmente guerra o catástrofe colectiva.

PEZ. Poseer uno: matrimonio; poseer dos: bigamia; encontrar un pez pequeño en el cuerpo de uno grande: nacimiento; encontrar espinas en un pescado: desacuerdo y rompimiento definitivo del soñador con su familia; pescar peces: esperanzas burladas; matarlos: prodigalidades. Las conservas de pescado son signo de agudas tribulaciones.

PICADURA. Según algunos: enfermedad de corta duración; otras interpretaciones: avidez, voracidad. «Soñar que te pican las posaderas, dice Halil-el-Masri: tu esposa será seducida; el vientre: serás despojado de parte de tus bienes; la mano: será arrebatada una parte de los bienes de tu hermano.»

PICAZÓN. Beneficio imprevisto que será utilizado de una forma perjudicial a la personalidad del durmiente.

PICO. Tener uno: signo de fuerza combativa.

PICHÓN. Los pichones representan a los niños; los del soñador, si tiene.

PIEDAD.   Experimentar este loable sentimiento es un buen presagio, especialmente el de indulgencia o de benevolencia, de los que el durmiente será el beneficiario.

PIEDRA.   Las piedras, dice Halil-el-Masri, son en general de mal agüero. Verlas: tristeza, penas; una piedra partida o agujereada es presagio de muerte, o bien se refiere a una persona de cortos alcances y de corazón duro. Soñar que se tiene una piedra y que alguien la compra o se la pone encima: triunfo sobre un hombre o matrimonio con una mujer de pocas luces. Si cae una grande sobre la propia casa: hijo de corazón duro. Si cae una desde el cielo sobre el mundo o sobre un templo: llegada de un recaudador de impuestos, de un hombre duro, de un gobernante tiránico, tal vez hasta muertes y desgracias para la gente de la localidad. Cuando la piedra se rompe al caer: en todos los lugares a los que lleguen los trozos ocurrirán desdichas. En general, en todo lugar donde cae una piedra del cielo: signo negativo. Levantar una piedra grande y pesada: penas, sufrimientos; arrojarla lejos de sí: alivio de inquietudes y de cargas; caminar sobre grandes piedras: disgustos, obstáculos. Golpear piedras una contra otra: disputa entre dos hombres duros de corazón, acompañada de imprecaciones tanto más burdas y numerosas cuantas más chispas broten del choque de las piedras. Transportarlas significa que se entrará en una gran casa. Lanzar piedras con la honda: plegaria por algo justo. Si el soña-

dor ve que se las lanzan a él: será embrujado.
Arrojarlas a los demás: falta grave. Comerlas:
negocios en curso, que no se lograrán; si son piedras de una montaña: fracaso; comerlas con pan:
se eclipsa la antigua posición y se soporta
pacientemente una existencia difícil y penosa.
Tragarías: rencor proporcional a la dificultad que
se experimenta al tragar; pero si se encuentra que
la piedra tiene el gusto de cualquier manjar que
sea dulce: desahogo, siempre que este gusto no sea
el de los higos negros, el de la uva negra o el del
melón, porque en ese caso sería signo de duelo y
de malos negocios. Ser convertido en piedra: el co
razón de quien esto sueña se endurecerá, se rebe-
lará contra Dios y perderá todo tipo de devoción;
para un enfermo, signo de muerte o de trastorno
completo en su estado. *(Loc. cit.)*

PIEDRAS PRECIOSAS. Cuando en el curso de
un sueño una piedra preciosa llame la atención
especialmente, se podrá consultar la siguiente lista
de significados comúnmente admitidos para las
piedras finas:

Aguamarina: Armonía sentimental, afecto com-
partido.

Amatista: Regularidad de la vida; satisfacción;
intuiciones buenas y justas.

Ámbar: Obtención de favores provechosos; dinero.

Azabache: Piedra de Saturno: aislamiento, prudencia, austeridad, trampas evitadas.

Berilo: Análogo a la aguamarina: buen presagio
para los asuntos del corazón.

Calcedonia: Excelente para todo tipo de empresa, favorece a las personas llenas de iniciativas y de audacia.

Coral: Al parecer, sirve para evitar peligros, sobre todo en viajes.

Cornalina: Procura la victoria sobre los adversarios y ayuda a la curación de las enfermedades.

Cristal de roca: Vivifica la salud delicada y confiere perspicacia; lo que se ve en un cristal se lleva a cabo.

Diamante: El mejor talismán para la vida material y el éxito en los negocios.

Esmeralda: Fetiche para el estudio, las búsquedas y la cultura intelectual.

Carbunclo: La piedra favorita de los amores apasionados, favorece el éxito y da una feliz continuidad a los amores muy vibrantes.

Granate: Da o presagia la decisión y la determinación, indicando el fin de la moratoria y de la indecisión.

Heliotropo: Talismán contra la inconstancia y la indiferencia. Algunos opinan que esta piedra ayuda a obtener la fama.

Hematites: Influencia personal, simpatía, éxito.

Lapislázuli: Satisfacción en amistad o éxito amoroso.

Malaquita: Hace evitar los peligros más graves.

Ónice: Bueno para la defensa personal y para la obtención del fin de las persecuciones y las crueldades.

Ópalo: Piedra fatal que, según se dice, trae mala suerte; en todo caso, amenaza siempre con la tristeza...

Perla (véase esta palabra).

Rubí: Soñar con rubíes presagia alguna cabezonería, alguna decisión brusca, buena o mala según el brillo o el oscurecimiento de la piedra vista en sueños.

Sardónice: Piedra anunciadora del éxito.

Selenita: Descubrimiento fortuito, secretos adivinados, intuición segura; el soñador será prevenido a tiempo sobre algo que le interesa vivamente.

Serpentina: Relaciones amables, coqueteos, amistad amorosa.

Topacio: Hace triunfar de las circunstancias más difíciles.

Turquesa: Confirma las decisiones y el buen seso del soñador, y le indica que ha actuado juiciosamente.

Zafiro: Presagia la obtención de un favor codiciado.

PIEL. La de los animales representa un valor que va a tocarle en suerte al soñador; la piel humana pronostica el bienestar, el amor y la satisfacción, a menos que su contacto sea desagradable; entonces indicaría: ventajas obtenidas por medio de gentes antipáticas.

PIELES. De todas maneras, las pieles presagian riquezas ciertas y próximas.

PIERNA. La rotura de una pierna presagia grandes desgracias; fractura en ambas piernas es anuncio de un desastre irremediable. Sentir que flaquean las piernas: impotencia de carácter; ver simplemente las propias piernas en un sueño anuncia un viaje, y si el estado de las mismas presenta algo insólito habrá que ver en ello un presagio acerca de las condiciones favorables o penosas del viaje en cuestión. Verse una pierna de madera (a menos que se tenga realmente una sola pierna): disgustos.

PIES. Verse privado de pies es siempre un mal signo; vérselos demasiado anchos anuncia aflicción; lavárselos indica fin de faenas, de desazones, de molestias; verse o encontrarse los pies sucios, deformes, cubiertos de llagas, promete trabas y obstáculos de toda especie. Tener más de dos pies: buen presagio para aquellos que deben desplazarse o buscan ganancias; si se sueña con el endurecimiento de un pie o de los dos: se perderá uno o ambos.

PILAR. Un pilar de madera, de tierra, de mampostería, etc., debe interpretarse en sueños como el símbolo del jefe de la casa o del individuo que significa en ella el de mayor utilidad.

PIMIENTA. Buen presagio de seguridad para los propios bienes, la propia situación o cualquier otra cosa material a la que se tenga en estima.

PIMIENTO. El sabor del pimiento o su vista significan rencor.

PINO. Ver un pino indica que debe esperarse el encuentro de un hombre que viene de lejos, un anciano, generalmente poco simpático; ver un

bosque de pinos es un excelente presagio, de
seguridad y de sosiego.

PINTURA. Observar qué colores figuran en ella.
Generalmente este sueño suele ser muy bueno.
Soñar que se dibuja hábilmente, al menos que se
consigue representar el objeto que se piensa: las
ideas y las acciones del soñador tendrán un feliz
desarrollo; soñar que no se puede llegar a trazar
la figura que se desearía: los esfuerzos del durmiente se volverán contra él. Soñar que se ejecuta un retrato de una persona conocida: dicha persona representará un papel en la vida de quien la
retrata; si es una persona de fisonomía desconocida:. nuevas relaciones. Yo he constatado un caso
de visión en sueños de una persona desconocida
encontrada seguidamente por aquel que la retra-
taba en un sueño.

PIÑAS. Llegada de una enfadosa noticia procedente de una región alejada.

PIOJOS. Los piojos prometen beneficios, siempre
que al soñarlos no se sufran sus mordiscos ni se
sea molestado por ellos.

PIPA. Buen presagio. Todos los comentaristas
coinciden en decir que soñar con una pipa, o,
mejor, servirse de ella anuncia que se sentirá uno
satisfecho de sus amigos y relaciones. Romper
una pipa significaría: muerte de un amigo.

PISAR. El que sueñe que le pisan los pies debe
entender que la persona que le hace sufrir esta

afrenta en sueños pondrá eficaces impedimentos a la realización de sus proyectos; si es el soñador quien pisa a alguien, presagio análogo.

PLANCHAR. El lienzo que se planche en sueños es el que proporciona el presagio. Este último será bueno si el lienzo es blanco y en buen estado.

PLANTAS. Al igual que con las. piedras, extraer su significación simbólica. A continuación figuran las principales:

Abeto: elevación; Acacia: amor platónico; Acebo: previsión; Aciano: delicadeza; Adormidera: sueño del corazón; Álamo: gemidos; Alelí: rapidez; Almendro: aturdimiento; Áloe: amargura, dolor; Amapola: consuelo; Anémona: abandono, enfermedad; Angélica: buena inspiración; Arándano: traición; Artemisa: aborto; Balsamina: impaciencia; Beleño: imperfección; Boj: estoicismo; Bretaña: juego; Brezo: soledad; Buglosa: mentira; Calabaza: embarazo; Campanilla: humildad; Castaño: justicia; Cerezo: habilidad; Ciprés: duelo o intemperancia; Clavel: amor vivo; Col: provecho; Culantrillo: discreción; Dalia: gratitud; Dondiego de noche: timidez; Encina: hospitalidad; Espino albar: esperanza; Flor de azahar: castidad, pureza; Flor de escaramujo: poesía; Fresno: grandeza de alma; Fresas: bondad; Geranio: necedad; Geranio rosa: fuga precipitada; Granada: muchacha linda; Haya: prosperidad; Heliotropo: embriaguez amorosa; Hiedra: amistad; Hierba doncella: recuerdos tiernos; Hierba ordinaria: utilidad; Hortensia: frialdad; Jacinto: benevolencia;

Jazmín: separación; Laurel: perfidia; Lechuga: sometimiento amoroso; Lila: primeras emociones amorosas; Malvavisco: beneficencia; Manzano: preferencia; Margarita: sentimientos compartidos; Menta: ardor pasional; Moral: gran pena de amor; Muérdago: intuición auténtica; Muguete: retorno de la felicidad; Murajes: cita; Musgo: amor maternal; Ortiga: erotismo; Peonía: vergüenza; Perejil: festín; Pimpollo: jovencita; Piña: perfección; Prímula: juventud; Reseda: cualidades morales; Rosa: belleza; Tilo: amor conyugal; Tomillo: actividad; Tulipán: declaración de amor; Vellosilla o miosotis: memoria infiel; Verbena: encantamiento; Viña: embriaguez; Violeta: modestia.

PLATA. En su forma natural o en lingotes, la plata indica al hombre que será favorecido financieramente por una mujer.

PLATO. Mayo, servidor, comensal habitual, auxiliar útil, animal familiar.

PLAZA. Plaza pública: esclarecimiento de las dificultades de los negocios o de la situación actual del soñador.

PLOMO. Ver plomo que pertenece al durmiente, sobre todo si está colocado de manera que no causa molestias: herencia. Hacer fundir plomo: contienda jurídica, proceso.

PLUMA (de escribir). Generalmente este sueño anuncia noticias esperadas; a veces presagia el éxito en un asunto embarullado.

PLUMAS (de aves).   Fijarse en su color. Si tienen un hermoso aspecto: éxito; si están sucias o deformadas: daño ocasionado a la reputación del durmiente. Ver volar plumas en el aire: bella situación que sólo será momentánea. Quemar plumas significa retraso, y comerlas, enfermedad.

POESÍAS.   Escribir, decir o escuchar poemas no tiene significación profética, pero indica la elevación del espíritu y la cultura intelectual.

POLVO.   El polvo significa las ganancias del soñador, salvo aquel que pudiese mancharle, que, en este caso, presagiaría indigencia o al menos escasez. Soñar que se ven cantidades de polvo sin resultar incomodado ni percudido por él es, pues, un buen signo. El polvo levantado por los pasos de hombres o de animales indica viaje o mudanza.

POLLUELO.   Generalmente bueno: presagio de amistad o de buenas relaciones entre padres e hijos pequeños.

POMADA.   Anuncia generalmente una dolencia de corta duración: resfriado, gripe leve, etc.

POSICIÓN SOCIAL.   Este sueño interesa a aquellos que han cambiado de posición. Halil-el-Masri dice que soñar que se vuelve a la posición social que se ocupaba anteriormente afirma que volverá a ella realmente. Yo añado que si se sueña que aún se continúa teniendo la misma posición, esto asegura que, por el contrario, se perseverará en la nueva y se prosperará en ella.

POTAJE. Buen presagio en general. Véase ALIMENTOS.

POZO. Uno de los sueños que han dado lugar a mayor número de comentarios: Sacar agua de un pozo significa próximo matrimonio, que será feliz si el agua es clara y desgraciado si está turbia. La casa en cuyas dependencias se ve un pozo verá prosperar a su dueño si el pozo contiene mucha agua; pobreza si el agua está baja; y cuando el agua se desborda, los secretos del dueño de la casa será divulgados para su detrimento. Cuando una mujer encinta sueña con un pozo, el vacío que se extiende desde la superficie del agua hasta el reborde del brocal le indica el momento aproximado de su alumbramiento. Así pues, una mujer encinta de seis meses que soñase con qué el agua de un pozo estaba al nivel del brocal habría de esperar un parto prematuro.
Soñar que se encuentra un pozo en la propiedad del durmiente: riqueza asegurada. Un pozo público en el que los caminantes apagan su sed representa algún benefactor de la localidad o alguna innovación útil a sus habitantes; si este pozo se desborda, el presagio sería inverso: calamidad pública. Encontrar en un lugar desconocido un pozo que produce agua dulce, fresca y agradable, presagia el mayor éxito que se pueda esperar. Sacar agua de un pozo desconocido y ver que el cubo sale lleno anuncia una solución feliz para aquello que preocupa actualmente al soñador, curación para un enfermo, alumbramiento

afortunado para una mujer encinta, liberación para un prisionero, llegada de créditos pagados para un acreedor, etc. Soñar que se cava un pozo trata siempre de algún comercio con una mujer. Destruir o cegar un pozo es de mal agüero y a veces anuncia una grave enfermedad para la mujer o para el niño.

Arrojar algo a un pozo: peligro de muerte para el soñador.

Verse descender a un pozo: viaje próximo, tanto más largo cuanto mas profundamente se descienda por el pozo. Caerse en un pozo es muy mal signo: pérdida, enfermedad e incluso muerte próxima, sobre todo si es un enfermo el que tiene este sueño.

Una curiosa interpretación tradicional es aquella que afirma que caerse desde un campanario a un pozo anuncia un segundo matrimonio con una mala mujer cuando se ha tenido la primera esposa buena y agradable.

PRADERAS. Observar su aspecto. Reverdecida, bien iluminada por el sol, con un aire puro y ningún animal dañino: buena indicación general; la vida va a tener un largo período de tranquila prosperidad.

PRECIPICIO. Siempre es lamentable tener semejante sueño, pero cuanto más elevado se está en la escala social más graves son las desgracias presagiadas por la vista de un precipicio o por la sensación de ir a caer en él.

PRENDA. Soñar que se recibe algo en prenda significa que se intentará perjudicar al durmiente, pero que éste tendrá una garantía que le permitirá controlar a la persona malintencionada con respecto a él.

PRENSAR. Soñar que se exprime el jugo de cualquier substancia significa siempre agradable modificación de la vida u obtención de algo deseado.

PREÑEZ Y NACIMIENTO. Soñar con un embarazo: presagia provechos obtenidos a cambio de una dependencia incómoda, de un sometimiento cualquiera. Verse nacer anuncia cambio de posición; ver traer al mundo un niño: nuevas relaciones.

PREPARATIVOS MORTUORIOS. Excelente presagio para la salud de aquel a quien pertenecen los funerales que se preparan en el sueño.

PRÉSTAMO. Buen signo para el que lo solicita, si aquello que se le concede es deseable en sí.

PRISIÓN. Ver de lejos una prisión: tormentos, inquietudes. Penetrar en una prisión: empeoramiento de la salud, aumento de cargas y preocupaciones de todo tipo; verse viviendo en prisión: gran aventura próxima.

PRODIGALIDADES. Las prodigalidades a las que uno se entrega en sueños, con satisfacción, anuncian un hermoso futuro.

PROSTERNARSE. Invitación a examinar más atentamente los propios asuntos y las propias decisiones; este sueño indica una cierta incoherencia.

PUCHERO. Romper uno: presagia querellas domésticas.

PUEBLO, CIUDAD. Desplazamientos y nuevas relaciones.

PUENTE. El puente indica una transición entre dos condiciones diferentes: por ejemplo, entre la indiferencia y la solicitud de una persona con respecto al soñador, entre el ocio y él trabajo, entre el fracaso y el éxito, o viceversa. Por tanto, es preciso prestar atención a las circunstancias del sueño antes y después de cruzar el puente. Soñar que se ve un puente sin atravesarlo, significa que próximamente se presentará una ocasión de la que se tendrá conciencia, ya sea o no aprovechada. Tradicionalmente, si, al salir del puente, se camina sobre substancias saludables, si hace buen tiempo y se ve a personas de aspecto amable y bien intencionado, el sueño es positivo y presagia venturosas modificaciones en la vida. Si en medio del puente uno se ve montado en un vehículo que se lo lleva, esto sería signo de un completo giro de la suerte, de un cambio radical. Puente que se quema o se hunde, o viejo puente en ruinas: peligro para la salud del soñador o para su futuro inmediato.

PUERCO. Símbolo de satisfacciones básicamente sensuales y, así mismo, del modo de procurárselas. Cerdos bien gordos y hermosos no anuncian escasez ni dificultades. Este sueño será bueno para los gastrónomos, insignificante para muchos y desagradable para quien se propone evolucionar.

PUERROS. Bueno sólo para los enfermos, este sueño anuncia a los demás disgustos conyugales o riñas familiares.

PUERTA. Una puerta simboliza la seguridad de aquel que entra en el local al que pertenece.

Tomemos como ejemplo la puerta del apartamento, de la mansión o del chalet del soñador. Obtendremos los siguientes presagios: puerta de bello aspecto, sólida y vista en sueños más grande de lo que es en realidad: mejora de la situación o de las rentas del dueño de la casa; puerta arrancada de sus goznes o caída: desdichas para él; puerta de hierro: seguridad absoluta; puerta tapiada o hundida: amenaza para alguna persona de la familia.

PULGAS. Pequeñas molestias, desplazamientos enojosos.

PULMONES. Los pulmones se refieren a las hijas y a los sirvientes. Los pulmones sanos son también signo de longevidad; si están enfermos, presagian corta vida; sentir que hieren interiormente: proximidad de la muerte. Algunos dicen que los pulmones sanos y enteros pronostican triunfos, éxito en los negocios, honores y dignidades; si están lesionados: corta vida, enfermedad; despedazados: fracaso, peligro para los negocios del soñador, muerte de un pariente muy próximo. Escupir los propios pulmones, poco a poco: pérdidas. Pulmones de animales con cuernos: herencia de las riquezas y las propiedades de una persona acaudalada.

PULPO. Sueño tanto más enfadoso cuanto más desagradable sea la emoción experimentada. Alguien que sueñe divertirse con pulpos, manosearlos sin animosidad por parte de ellos o destruirlos, deberá ver en esto el anuncio de que tendrá motivos de dificultades delicadas o de que pasará indemne por encima de grandes peligros.

PUÑAL. Tener uno disimulado bajo las vestiduras: desconfianza justificada; encontrar uno: reconciliación con una mujer; golpear con un puñal: esfuerzo inútil.

PUS. Denota que el soñador forja proyectos cuya realización le será perjudicial.

Q

QUEMADURAS. Ver quemar a alguien: enfermedad inflamatoria inminente para esa persona. Verse quemaduras en el cuerpo: altercado. (Véase también la palabra FUEGO.)

QUESO. Símbolo de seguridad material.

QUINA, QUININA. Adversidad, antagonismo: el soñador se encontrará incesantemente frente a serias dificultades imprevistas.

R

RABO. Consecuencias imprevistas de un acontecimiento ya vivido por el soñador.

RACIMO. Un racimo de uvas representa un beneficio en potencia, con fecha de realización tan próxima como el racimo lo esté del alcance del soñador; el número y el tamaño de los granos permitirá calcular el beneficio.

RAMO. Representa los próximos acontecimientos de la vida del durmiente, entiéndase de su estado subjetivo; por tanto, es preciso examinar si contiene sus flores preferidas o las que no le gustan, y en qué estado se encuentran.

RANA. Verla en tierra: disgustos; si habla al soñador: prosperidad; comerla: beneficios facilitados por amigos. El croar de la rana es de mal agüero.

RASCAR. Quien sueñe que se rasca sin verse una erupción cualquiera, debe desconfiar: sus mañas van a ser descubiertas.

RASGUÑO. Calumnia para la persona arañada.

RATA. La rata vista aisladamente indica un ser a quien el soñador alimenta; puede ser su hijo, o también un individuo que le explota. En principio, ver una rata en su casa indica al durmiente que se trata de su niño o de un niño por el que se interesa; verla en el exterior o verla escabullirse debe hacer pensar en un ladrón. Interpretar según lo que suceda con la rata, según su tamaño, su color, su aspecto, etc. Las ratas en gran número afirman que el soñador tiene enemigos ocultos.

RAYA. Según la opinión de la mayor parte de los comentadores, este pez significa herencia importante.

RAYAR. Trazar rayas indica que las promesas que se le han hecho al soñador son leales y que serán cumplidas si las mencionadas rayas son rectas; lo contrario si son zigzagueantes.

RAYO. Peligro colectivo en el que uno se verá mezclado. Si cae en casa del durmiente: desgracia grave, muerte de un miembro de la familia o derrumbamiento de la situación. Ser golpeado uno mismo por el rayo: renovación de la propia existencia.

RECOLECCIÓN. Hacerla fuera de estación: guerra o mortandad en la localidad.
Recolectar fuera de su época las mieses amarillas: mortalidad o enfermedad para los ancianos; si están verdes, para la juventud; véanse, así mismo, las palabras TRIGO y ESPIGA. Cosechar cebada: riqueza futura. Recoger semillas, si se hace en un lugar donde hay guerra: mortandad. Si no hay guerra y la recolección se hace por los caminos

o en un templo: penuria y epidemia; en un mercado: grandes beneficios y numerosos negocios. Si se hace en los campos y las semillas están maduras: escasez. Caminar por medio de los campos después de que la mies haya sido segada y antes de que haya sido transportada: quiere decir que se marchará en medio de filas de soldados.

RECOMENDACIÓN. Soñar que se recomienda a alguien: quiere decir que se cogerá en falta a esta persona y que se le dará una lección a propósito de algo que ella tiene la costumbre de reprochar a los demás. Este sueño también significa rencor y despecho; y salir fiador de alguien indica que ese alguien se picará por cualquier cosa que le haga el durmiente. Por otra parte, se pretende que avalar a alguien pronostique que se verá ayudado y apoyado por un gran amigo o por un amigo muy íntimo.

RECONCILIACIÓN. Reconciliarse anuncia el alba de un período muy favorable para la prosperidad material y la tranquilidad. Oponerse a una reconciliación es muy mal augurio, lo mismo que sufrir la cólera de un individuo a quien se intenta conciliar con otro.

REGALO. Recibir un regalo anuncia alguna unión en la familia del durmiente. Si el objeto que se recibe se identifica con algo que se haya deseado intensamente estando despierto: ruptura de amistad o de relaciones amistosas con la persona que hace el regalo.

REGAÑINA. Recibir una regañina anuncia un error en la organización actual de los negocios del durmiente; infligirla significa que se recibirá una afrenta.

REGAR. Si el soñador ve regar una tierra fértil significa que otros recogerán el fruto de sus esfuerzos; si riega él mismo: resultados de sus esfuerzos, pero también de sus faltas.

REHÉN. La persona a quien se ve retenida como rehén en el curso de un sueño siente cargos de conciencia por faltas que ha cometido; si el durmiente se ve a sí mismo en esta condición, que analice qué es lo que ha podido cometer de defectuoso, porque su subconsciente le advierte que las consecuencias están próximas.

REJA. Signo de obstáculos a los proyectos del durmiente. La materia de la reja y la contextura del enrejado indicarán la magnitud y el alcance de las dificultades anunciadas.

RELÁMPAGO. Anuncio de un elemento imprevisto y repentino que va a venir a modificar los planes o la existencia del soñador. Este presagio se interpretará según lo que se haya soñado inmediatamente antes y después.

RELOJ. Observar ante todo si está en marcha o parado; en el primer caso, las soluciones que espera el durmiente, así como los negocios que tiene en curso, se desarrollarán normalmente; en el caso de que el reloj esté parado: retrasos. A continuación anotar cual es la hora que marca y extraer su significado de las indicaciones dadas en otro lugar a la palabra NÚMEROS. Ver caer un reloj: imprevisto; verlo romperse al caer: presagio fatal.

RELOJ DE ARENA. El reloj de arena equivale al entorno de la vida del soñador; se refiere a sus bienes, a sus riquezas y a veces a su mujer. Lo que se vea en él deberá interpretarse en este sentido. Soñar que el reloj está parado, es decir que la arena ha pasado en . su totalidad a la ampolleta inferior: pérdida de un miembro de la familia o empobrecimiento. Reloj de arena roto: muerte. (Halil-el-Masri, *loc. cit.*)

REMIENDO. Presagia atenuación de las dificultades y los conflictos, y mejoría de las enfermedades; sueño mejor para una mujer que para un hombre. Aquel que sueñe remendar sus propias vestiduras habrá de ver en ello la predicción de que se indispondrá con ciertos miembros de su familia y que la laxitud seguirá de cerca a la riña. El hombre que sueña recomponer el vestido de su mujer sufrirá la esclavitud conyugal más degradante.

REMOS. Noticias. El color de los remos ayuda a precisar si se trata de noticias favorables o no.

REPETICIÓN. Soñar con una cosa que se trata de grabar en la memoria, o que se intenta decir o hacer, sea lo que sea, significa pérdida de tiempo a causa de visitantes inoportunos.

REPROCHE. Afrenta si se hace; éxito si se sufre.

RESBALAR. Alerta, traición, peligro; si se cae, después de haber resbalado, debe esperarse un golpe de suerte; y si se logra conservar el equilibrio, se librará uno de un asunto.

RESPIRAR. Soñar que se respira, oírse respirar, dedicar atención a la función respiratoria, es signo de enfermedad, salvo para aquellos que practican entrenamientos esotéricos.

RESUCITAR. Si el durmiente sueña que resucita: presagio de una próxima ocasión de error grave; si sueña que hace volver a la vida a alguien: indigestión.

RETRATO. Véase PINTURA.

RETRETE. Como todo lo que se refiere a los residuos de la nutrición, el retrete se interpreta inversamente. Según el parecer unánime de los diferentes autores: la substancia más despreciable anuncia dinero, así como la conclusión de fructuosas ocupaciones, o algo similar.

REUNIÓN. Con las más expresas reservas, digamos que soñar estar reunido con quien se ama predice una separación de esta persona. Hay que tener en cuenta otras cosas que se vean en el sueño. Observemos que es estraño, pero cierto, que dos amantes sueñan muy raramente el uno con el otro.

REVUELTA, REVOLUCIÓN. Presagio de vida agitada y de querellas con los íntimos del soñador. A veces significa estado febril.

RIBERA. Ocasión próxima de cambio de situación.

RIÑA. Soñar que se riñe con un amante o un simple flirt se interpreta inversamente: próximo acuerdo, unión o algo análogo. Todo enfado con amigos o parientes presagia un conflicto real, pero no forzosamente con aquellos con quienes se ha soñado.

RIÑONES. Tenerlos fuertes: gran desarrollo de las facultades mentales, nacimiento de un hijo lleno de fuerza y de talento. Tener mal los riñones y sentir dolores: muerte de un hermano o de la persona con la que más cuenta el soñador para que le ayude. Tenerlos doblados por el dolor: empobrecimiento y longevidad.

RÍO. Ver un río de aguas tranquilas y serenas indica la seguridad para el durmiente y la ganancia de los pleitos en que pueda encontrarse mezclado. Un río que tiene su nacimiento en los dominios o en la habitación del soñador: dignidades. Caer en un río y sentirse arrastrado o ahogado pronostica un golpe de suerte.

RISA. Véase ALEGRÍA.

ROBAR. Soñar que se roba algún objeto significa próximo riesgo de pérdidas de dinero; ser robado: decepciones y contrariedades. Así mismo, hay que prestar atención al objeto robado.

ROCA, PEÑASCO. Estar allí sentado y experimentar un sentimiento de calma y seguridad: presagio muy positivo de éxito .

RODILLA. Soñar que se tienen las rodillas sólidas y flexibles indica que se poseen seguros medios de acción para triunfar, obstáculos superados y éxito; pronostica, así mismo, la ayuda de las mujeres; rodillas hinchadas y doloridas: enfermedad en la familia; rodillas rotas: muerte para uno de los allegados del durmiente; andar de rodillas: catástrofe, pérdida de, situación.

ROGAR. En el sentido religioso de la palabra, la plegaria significa estar a la espera de algún acontecimiento importante, de una solución para los negocios en curso; hay que anotar las circunstancias concomitantes para saber la suerte buena o mala de aquello que se espera.

ROMPER. Romper un objeto: altercado, pugilato; romper armas blancas: ventaja sobre adversarios; ver un vaso lleno de agua que se rompe sin que el agua se derrame: duelo, viudedad.

ROPAS. Tener en cuenta su color. A continuación, tener en cuenta la clase de tejido en que están confeccionadas: cuanto mas rica sea la tela mejor es el presagio. Para una jovencita, soñar con raso anuncia intriga amorosa o matrimonio. La antigüedad y la suciedad de las ropas son el anuncio de disgustos y de dificultades materiales; ropa puesta al revés: falta contra la moral; vestido en buen estado, que se abrasa o se quema: altercados familiares; ropas mojadas: retrasos en los negocios; un perro que desgarra la ropa del soñador: murmuraciones a su costa; ropas bruscamente retiradas del cuerpo: cambio de situación.

ROSA. Verla es de buen augurio general, salvo para los enfermos, los prisioneros y los litigantes. Un joven que sueñe recibir una rosa de manos de una jovencita, o a la inversa: matrimonio. Una mujer que sueñe coger rosas en capullo: aborto. Generalmente , coger rosas anuncia alegría, salvo si se trata de rosas amarillas.

ROSTRO. Este sueño se interpreta por analogía directa: Verse el rostro grande, hermoso, con bellos colores: salud, mejora de situación; verlo como es en realidad, pero sumamente encendido: buen presagio únicamente para la salud; verlo más grande y mejor modelado, pero coloreado de una manera enfermiza, con un tono entre verde y amarillo: éxito tras los esfuerzos, o fastidios que amenazan enfermedad. El método es simple.

RUECA. Soñar que se hila, que se compra una rueca o simplemente que se ven gentes utilizándola, anuncia satisfacciones familiares; ruecas rotas o quemadas, significan: rupturas, altercados en la familia.

RUIDO. Si se descubre cuál es el origen del ruido, es la fuente que lo provoca la que hay que tornar como sujeto del sueño; si, por el contrario, se escuchan ruidos de causa inexplicable: un peligro amenaza al soñador.

RUINAS. Los autores no se ponen de acuerdo con respecto a este sueño. Sólo aceptamos sus opiniones a beneficio de inventario. Soñar sentarse en medio de una ruinas presagiaría enfermedades de los ojos; soñar que se encuentra en ruinas la localidad donde se habita, anunciaría una catástrofe para dicha localidad. Según nosotros, las ruinas vistas en sueños simbolizan el pasado lejano e indican que el resto del sueño debe interpretarse como una relación causal con el pasado.

SACERDOTE. Si está vestido de negro: duras pruebas. Si está vestido de blanco o lleva los ornamentos sacerdotales, excelente presagio: terminación de las preocupaciones, reconciliación, socorro providencial o algo análogo.

SACO. Significa siempre una modificación de la fortuna del soñador; modificación buena o mala según que los sacos vistos en sueños estén llenos o vacíos, e importante o no según el número de sacos.

SACRILEGIO. Soñar que se ve cometer un sacrilegio o que se comete: indicio de próximo desequilibrio mental, salvo para los teólogos u otros seudometafísicos.

SAL. Generalmente bueno: signo de satisfacciones generales; únicamente la sal sucia o negruzca sería de mal augurio y anunciaría una enfermedad.

SALAZÓN. Carne salada: fortuna inesperada. Pescado salado: dolores. Soñar que se sufre alguna alteración por tomar salazones: próxima enfermedad inflamatoria.

SALERO. Un salero de bonito aspecto y perfectamente relleno promete juiciosos consejos, informaciones exactas y decisiones provechosas. Salero en mal estado: malas direcciones o gestiones en los negocios del soñador; salero volcado: contrariedades o disputas.

SALTAR. Buen signo si se salta voluntariamente, con facilidad y en el sitio que se desea; en los demás casos este sueño presagia reveses.

SALUDAR. A un viejo desconocido: buen sueño, que denota penas evitadas; si se le conoce: buen matrimonio. Saludar a un enemigo: reconciliación; si es él quien saluda al durmiente, es que tratará de reconciliarse con éste. Si un hombre sueña saludar al padre de una jovencita con la que desea casarse, es que será aceptado. (Halil-el-Masri, *loc. cit.*)

SANGRE. Ver o perder sangre roja y bermeja, sin experimentar ninguna emoción desagradable, pronostica felices especulaciones, beneficios o bienes impensados; siempre que se sueñe con sangre negra o viscosa y se sienta alguna emoción desagradable a la vista de la sangre, aun cuando tenga buen aspecto, este sueño presagia mala suerte con respecto a la salud, las amistades y la situación.

SANGUIJUELAS. Tener sanguijuelas sobre la piel presagia problemas menudos y prestar demasiada atención a cosas insignificantes.

SANTO. Soñar con un santo: buen presagio. Prosternarse ante él: tranquilidad y prosperidad en esta vida y en la otra. Si el santo da al durmiente un objeto de plata: su lugar está asegurado en el paraíso; si es una sortija: el soñador llegará a ser un gran sabio en teología y adquirirá una gran fama; si le da cualquier otra cosa: gran prosperidad, fortuna y felicidad. Soñar con un santo triste y afligido: mal presagio, reveses. Verle sonriente y contento: poder, grandeza, curación para un enfermo, libertad de un prisionero, grandes beneficios. Jugar con un santo: es signo de que uno se librará de un enemigo.

SAPO. Individuo antipático que prestará algún servicio al durmiente.

SARNA. Presagia ciertas molestias de las que se obtendrá algo.

SATÁN. Lo mismo que aquelarre. Este sueño no puede inmutar a una persona bien equilibrada más que la visión de cualquier otro mito ordinario. Tomar al diablo en serio, creer en su existencia sustancial significa una mentalidad fuertemente tarada.

SED. Tener sed: penas, inquietudes, desgracias. Este sueño también es signo de rectitud y honestidad religiosa, sobre todo cuando se sueña no tener sed de agua. Soñar que se está alterado, ver el agua de una fuente y no beberla: indica término de duelos y de dolores, o resultados negativos en lo que se desea. Apagar la sed con el agua fresca:

bienes honestamente adquiridos, riquezas o alegría; con agua caliente, corrompida o hedionda: penas, enfermedades. En general, apagar la sed es mejor augurio que no hacerlo. Si una persona del sexo opuesto da de beber al durmiente: éxito en amor; para aquellos que no estén casados: este sueño es signo de matrimonio, probablemente con la persona que le ha dado de beber; pero si la sed no queda satisfecha: fracaso total. (Halil-el-Masri, *loc. cit.*)

SELLO. Muy buen presagio: seguridad, poder, éxito, triunfo sobre los obstáculos y sobre los adversarios.

SENOS. Los senos de bella conformación son de buen augurio para la salud y los bienes; si son velludos prometen la fuerza a los hombres, pero predicen la viudedad a las mujeres. En período de lactancia, se refieren a los niños; el seno derecho indica a los muchachos y el izquierdo a las chicas; deformados, enflaquecidos, caídos: enfermedad y a veces muerte de un niño; ulcerados: enfermedad para el durmiente. Una mujer que sueñe tener varios senos, o a la que se vea así en sueños, se apartará del camino recto. Un joven o una jovencita que sueñen ser heridos en el seno están siendo prevenidos de un amor próximo.

SENTARSE. La interpretación depende de las circunstancias que, en el curso del sueño, inciten al soñador a sentarse. A efectos de la fatiga: revés; en una mesa: alegrías; en un lugar aislado y solitario: viudedad.

SERPIENTE. La serpiente simboliza cosas muy diferentes: primero, la vida, segundo la traición; en tercer lugar, lo que puede haber en ella de más peligroso como enemigo. Comer carne de serpiente con avidez, ver una serpiente de aspecto más o menos impresionante pero de conducta benigna, indiferente hacia el soñador, presagia aumento de la vitalidad. Encontrar una serpiente en un lugar oculto: cajón, manta que se alza, bolsillo de vestido, chimenea, etc., indica más bien traición de una persona que se alberga o se encuentra entre los familiares de la casa; ver o escuchar serpientes amenazantes, rastreras y animadas de continuos movimientos indica enemigos muy peligrosos.

SIEGA DEL HENO. Provecho de anteriores actividades del durmiente.

SIEMBRA. Puede interpretarse de dos maneras. Por una parte la siembra trata de las relaciones íntimas y presagia embarazo; por otra, sembrar se relaciona con el trabajo o los negocios del soñador. Así pues, sembrar trigo y ver brotar cebada significaría que las apariencias superaban a la realidad; sembrar trigo de buena apariencia pronostica un gran éxito en el futuro, recompensa de los presentes esfuerzos.

SIERRA. Augura un conflicto, una desavenencia que será bruscamente zanjada por las circunstancias con descontento de ambos interesados.

SIGNOS, SEÑAL. Noticias.

SILLA DE MONTAR. Ver una silla de montar presagia siempre un pasado amoroso. Un gran número de sillas indicaría un harén, o dicho de forma más moderna, un falansterio de amor. El talabartero significa una alcahueta o proxeneta cualquiera.

SIMIO. Presagia molestias como consecuencias de la torpeza de amigos o servidores; o bien tentativas inútiles de un enemigo astuto y sagaz, pero impotente.

SITIO. Arrojar a alguien del sitio que ocupa habitualmente: molestias evitadas.

SOBERANO, REY, EMPERADOR. Simboliza a un individuo investido de una autoridad arbitraria, un incapaz intentando obtener la dirección de un negocio o de aquellos que están a su alrededor. Ver a un hombre que se conoce, llevando una corona o un cetro: locura para este individuo.

SOL. La vista en sueños de la salida del sol es un magnífico augurio para todos: predice la realización de las más caras esperanzas. El sol de mediodía o vespertino, muy luminoso y en un cielo sin nubes, es un buen pronóstico también. Ver el sol efectuando un movimiento inverso a su movimiento real, es decir yendo de Occidente a Oriente, o ver cómo vuelve después de haberlo visto desaparecer en el horizonte, anuncia desgracias, generalmente el retorno de aflicciones que se creían terminadas. Los eclipses y la caída del sol o de algún fuego proyectado por este astro son indicio de atroces catástrofes.

SOLDADO. Soñar que se es soldado presagia una humillante dependencia, una tiranía de la que se será objeto, una presión ejercida por terceros sobre las decisiones del soñador o alguna traba puesta a su libertad. Ver soldados denota peligro. Si se asiste a una batalla, esto anuncia que tanto los buenos como los malos elementos del destino del durmiente están a la expectativa y que, próximamente, el conflicto tendrá un desenlace.

SOMBRA. Encontrarse a la sombra: mediocridad. Si se cambia de lugar para ponerse al sol: modificación ventajosa de la propia posición. Sombra, en el sentido de fantasma: terror vano.

SOMBRERO. Blanco: poder; de color: debilidad; nuevo: alegría inesperada. La mujer que sueñe que un hombre le cubre la cabeza o la peina se casará con ese hombre; ver numerosos sombreros: cargas, preocupaciones.

SOPA. Verse comer sopa ávidamente es un buen augurio para la salud y la seguridad material; todo alimento tomado con disgusto pronostica una enfermedad inminente.

SORDERA. Soñar con sordera o ver sordos: indiscreciones cometidas por el soñador si se ve sordo a sí mismo; cometidas en su detrimento en los demás casos.

SORTIJA. De una forma general, anuncia una unión amistosa o íntima. Sortija rota significa divorcio; si el durmiente sueña que rompe una, debe temer una infidelidad; si se ve llevando una en el dedo conveniente, esto, por el contrario, presagia felicidad doméstica. Cuando la sortija parece no pertenecer al durmiente, aunque sea él quien la encuentra, quien la pierde, quien la vende, etc., la tradición le pronostica algún desastre, particularmente la pérdida de una situación o la separación de junto a un ser querido.

SUBTERRÁNEO. Es un sueño bastante malo, salvo si se encuentra fácilmente la salida. Generalmente: peligros próximos de los que se está lejos de sospechar, empresas abortadas, fracasos.

SUCIO. Todas las cosas que se vean sucias en sueños, todas las personas desaseadas, cualquier animal manchado de barro o de fango constituyen muy penosos augurios. Un enfermo que sueñe con un lienzo sucio está en peligro. El presagio no siempre concierne al soñador, sino al individuo representado por aquello que se ve sucio.

SUICIDIO. Suicidarse o asistir a un suicidio pronostica una desgracia en la que uno se verá mezclado.

SUMERGIR. Soñar que uno se sumerge voluntariamente en un agua límpida indica iniciativa feliz.

SUSTITUCIÓN. Todo sueño en el que figure una sustitución presagia un cambio más o menos importante, según el valor de lo sustituido.

TABACO. Buen presagio: anuncia beneficio recibido amigablemente, buena armonía en las relaciones habituales, paz y tranquilidad. Este sueño, si es poco frecuente, deberá interpretarse como una constatación de la indolente apatía del soñador hacia sus intereses.

TABLA. Siempre representativa de alguien, el estado de la tabla significa el de ese alguien, y si se la ve romperse esto sería un mal signo; soñar que una tabla en la que se está apoyado se rompe: se perderá el apoyo de una persona que ha sido útil habitualmente al soñador.

TALADRO. Al igual que con cualquier objeto en espiral, soñar con un taladro anuncia retrasos, lenta realización de todo lo proyectado.

TAMBOR. Anuncia una noticia sensacional.

TAPICERO. Representa a un individuo en constantes relaciones con las mujeres, por ejemplo un peluquero o un masajista de belleza. Observar el sueño y adaptarlo en todas estas circunstancias al personaje en cuestión.

TAPIZ. Representa, según Halil-el-Masri, la vida, la existencia del soñador, y a veces significa que

se asistirá al consejo de los gobernantes. La lon-
gitud del tapiz es la medida de la prosperidad; su
espesor y su solidez: la duración de la vida. Tapiz
corto y grueso: abundancia; ancho y delgado:
gran prosperidad y longevidad; pequeño y lige-
ro: mal presagio. Si el soñador ve su tapiz doblado: incomodidad, impedimentos en sus viajes, en
su gobierno, etc. Encontrar uno de los propios
tapices doblado sin saber quién lo ha hecho: gran
inquietud; si se extiende: las puertas de la prosperidad y de la Providencia se abrirán de nuevo
para el soñador. Tener un tapiz doblado sobre los
hombros: mudanza de uno a otro lugar. Ver el
propio tapiz más pequeño de lo que es en realidad: inquietud. Si el durmiente sueña que su
tapiz ha sido robado o quemado: impedimentos
en un viaje. Tapiz extendido: mundo abierto ante
el soñador. Extender un tapiz lluevo y consisten-
te: gran prosperidad y longevidad; si el durmiente lo extiende en su casa; en su ciudad, en su país,
en medio de su pueblo, en los lugares de reunión
o en los destinados a formar consejo: prosperidad
para él, para su ciudad, su país, etc., y acabará sus
días en los lugares donde ha extendido su tapiz;
si lo extiende en un lugar desconocido: todo lo
anteriormente dicho ocurrirá en el extranjero.
Tapiz extendido en medio de personas a las que
se conoce y en un lugar conocido: el soñador
asociará su suerte a la de esas personas. Ver uno
extendido en un lugar desconocido y por personas a las que no se conoce: adquisiciones de bienes. *(Loc. cit.)*

TARDE. Soñar con la caída de la tarde presagia el fin de una empresa o de un período cualquiera, lo que equivale a un próximo cambio.

TEATRO. Asistir en sueños a alguna representación significa que se será espectador de acontecimientos simbolizados por los personajes que se vean y las escenas que se desarrollen en el escenario.

TECHO. Techo de madera, a la antigua moda: celos o disgustos a causa de un personaje celoso. Techo que se desploma sobre el soñador, temores que se han sufrido y que no tendrán consecuencias. Si la caída cubre al durmiente de yeso o de otros residuos, obtendrá un importante beneficio de una circunstancia que temía.

TEJER. Ganancia y pleito.

TELÓN. En general, presagia tristeza. Su color modifica este significado. Si tiene una gran extensión, el presagio se agrava. Telones que caen o se desgarran: término de penas o penas evitadas.

TEMBLOR. Siempre preocupante. Temblar uno mismo: amenaza de acontecimientos temibles; ver un temblor de tierra anuncia epidemia o accidente colectivo en el que se participará.

TEMPLO. Protección providencial manifestándose espontáneamente en un grave acontecimiento de la vida del durmiente. Asistir, en un templo, a las ceremonias del culto: mitigación de las penas. Rezar en un templo vacío: pruebas. Edificar un

templo: el soñador se convertirá en el brazo derecho de un hombre poderoso. Templo derrumba-
do: muerte de un protector. *(Loc. cit.)*

TERNERO, BECERRO. El ternero representa a
un niño; recibir uno en sueños presagia embarazo, nacimiento, adopción, tutela o algo semejante.

TERRENO, TIERRA. Soñar que se es propietario de un terreno desconocido: grandes riquezas
para el que está en la necesidad; matrimonio para
el soltero; imperio, mando, poder para el que está
en condiciones de tenerlos. Recibir un terreno
como regalo: en general, herencia inesperada;
para el soltero: esposa cuyas cualidades serán
similares a las del terreno; para los hombres casados: éxito. Salir de un terreno estéril para entrar
en otro que es fértil: salir del mal sendero para ir
por el camino recto. Soñar que el terreno se abre,
se divide: triste futuro para el lugar donde se
encuentra el terreno; si sale de allí un hombre
joven: enemistad entre los conciudadanos del
soñador; si sale un hombre de edad madura:
socorro providencial y prosperidad; si sale un
león: soberano tiránico; si sale una serpiente o
una víbora: tormentos continuos en esta localidad. Cuando, al abrirse, la tierra germina: fertilidad, prosperidad. Terreno que se desploma: mal
augurio. Terreno que se hunde: desorden deplo-
rable en los asuntos del soñador, falta de providencia. Encontrarse en un terreno y hundirse
con él: ruina total y cambio de la alegría en
dolor. (Halil-el-Masri, *loc. cit.*)

TESORO. Sueño engañoso, indicio de nuevas y onerosas cargas; embarazo, enfermedad en la familia o algo semejante.

TESTAMENTO. Redactar el propio testamento anuncia herencia; escribir el de otro indica que se le heredará. Desgarrar un testamento: disensiones por intereses en la familia.

TIENDA. Los elementos de utilidad en la vida del durmiente; aquellos que tiene en más estima. El estado de la tienda y de lo que allí ocurra precisarán la predicción. Ejemplo: tienda en ruinas: pérdida muy dolorosa; tienda cerrada: trabas; tienda tapiada: aniquilamiento.

TIENDA DE CAMPAÑA. Signo de protección si uno se ve en el interior. Encontrarse ante la entrada de una tienda de campaña y no poder entrar en ella, o bien no descubrir la entrada: fracaso, derrota. Tienda que se desploma sobre el soñador: herencia próxima.

TIGRE. Y, en general, todas las fieras: Enemigos temibles. Si pasan sin ver al durmiente: se evitarán sus ataques; si se les combate victoriosamente: se pondrá a los enemigos fuera de juego, es decir, no tendrán posibilidad de perjudicar al soñador; si se sucumbe en el combate: mal presagio.

TIJERAS. Si se caen: presagio de muerte; si se tienen en la mano: litigio que será arbitrado; simplemente verlas: disputas.

TINA. Predice abundancia y seguridad, a condición no obstante de que el soñador no se vea cayendo dentro de ella; en este caso: ocasión fallida.

TINTA. Volcar tinta: accidente, sorpresa negativa. En los demás casos: elevación.

TÍO. «Arrancar la barba del propio tío, dice Halil-el-Masri, quiere decir que se será su heredero. Soñar vivo a un tío ya muerto: se recuperará algo que se había dejado escapar de las manos. Darle algo cuando está muerto y se le sueña vivo: pérdidas y gasto inútiles.»

TIZÓN. Tiene aproximadamente las mismas significaciones que palo, pero al mismo tiempo presagia que sólo se avanzará en la vida a través de disgustos con los propios hermanos y hermanas. Si el tizón está encendido y arroja una viva luz: excelente pronóstico.

TOCINO. Adquisiciones perjudiciales.

TONEL. Buen presagio si está lleno o, al menos, si contiene líquido.

TORO. Toro que habla: muerte. Según otros autores, el toro es la imagen de un gran personaje que perjudicará al durmiente. Toro furioso: peligro o amenaza por parte de un superior. Recibir una cornada: para un sirviente o un esclavo es el presagio de una enfermedad cuya duración será proporcional al número de cornadas recibidas. *(Loc. cit.)*

TORRE.   Figura los elementos de resistencia del soñador, la seguridad de su vida, sus cualidades de porfiada energía. Ver una torre sólida y nítidamente recortada en un cielo puro, luminoso y sin nubes significa que ya no será preciso sostener el asalto que se temía; verla inmóvil e inquebrantable en medio de una tempestad pronostica que se saldrá victorioso de una dura prueba; torre agrietada o en ruinas: quiebra, catástrofe.

TÓRTOLA.   Véase PALOMA.

TORTUGA.   Mujer mayor, malévola y murmuradora, pero inofensiva, cuyas acciones intentarán en vano alcanzar al soñador.

TRAPOS, TRAPERO.   La vista de trapos en buen estado, sobre todo si son de una buena tela, anuncia pequeños beneficios cuya recuperación total llegará al mismo tiempo; trapos feos y viejos: mal presagio; trapos de tejidos propios de la lencería femenina: intriga de amor. El trapero simboliza a un hombre de confianza, depositario fiel de los secretos del soñador.

TRAMPA.   Cualquier tipo de emboscada o de trampa es signo de trapacería, de intriga, de impostura y de engaño. Alguien dice que preparar trampas o emboscadas indica que el soñador caerá en aquellas que le sean tendidas por un enemigo; y ser cogido en ella: pronóstico de triunfo, de éxito en los negocios.

TRENZA.   Ver o tocar trenzas de pelo: presagio de satisfacción en la vida íntima.

TRIGO. Significa el resultado de un trabajo; el desenlace de uno o varios actos. Verlo acumulado en montones: abundancia; en pequeña cantidad: miseria; soñar que se tiene y no se sabe en qué emplearlo: opulencia. Ver trigo en el lecho conyugal: embarazo. Quemar gavillas o espigas: grandes pérdidas.

TRUENO. Poco más o menos como el tambor. Si se mezcla con la lluvia: desgracias. Si va acompañado de claros, con sol: buenas noticias, acontecimientos felices.

TRUFA. Presagio de satisfacciones sensuales, de relaciones amables, de vida festiva y superficial.

TUMBA. Edificar una: matrimonio o nacimiento; verla simple y fugitivamente: defunción en la familia; demoler una tumba: termino de inquietudes o de angustias; entrar en una tumba o ser metido en ella a la fuerza: riquezas.

U

UJIER. Un presagio muy enfadoso que pronostica enredos frente a los cuales, a falta de una paciencia y una sangre fría suficientes, el soñador puede observar un comportamiento terco, perjudicial para su futuro.

UMBRAL. El umbral de una puerta simboliza, según los orientales, la mujer presente o futura del soñador, y el aspecto de este umbral le informa acerca del estado físico y las cualidades morales de dicha mujer. Un hombre que sueñe ver un umbral hendido, gastado y deteriorado debe esperarse ver caer a su mujer gravemente enferma y padecer un envejecimiento precoz, de resultas de la enfermedad.

UNGÜENTO. Untarse un ungüento perfumado, o al menos de olor agradable, indica que se habla positivamente del soñador, allí donde a él le interesa; un ungüento maloliente significaría murmuraciones.

UNTAR. Untarse una substancia vivificante, como vino o aceite, es de buen agüero para la salud y el éxito; untarse productos medicamentosos indica enfermedades y, a menudo, dolores reumáticos.

UÑAS. Su aspecto suministra un primer presagio: bien cortadas y brillantes, las uñas prometen al soñador una vida refinada; descuidadas, cortas y sucias: miseria; ruptura de las uñas: enfermedad; manos sin uñas: indigencia, quiebra o pérdida de trabajo; verse las uñas largas, fuertes y aceradas como las garras del gato o del león: fuerza y triunfo sobre los adversarios.

URRACA. Ver una urraca: noticias inexactas; mentiras, engaño, duplicidad.

UVA. Ver uvas en la estación en que maduran augura felices acontecimientos de todo tipo; es un buen presagio tanto para los intereses como para la vida íntima. Vista fuera de su época, la uva anuncia múltiples molestias.

ত

VACA. La vaca simboliza material. Un agricultor que sueñe con vacas puede interpretar esta visión como un presagio de fertilidad, si las vacas son gordas, y de infecundidad, si son flacas; cada vaca puede significar un año. Más generalmente, la vaca representa productos o mercancías, y la abundancia de vacas que se sueñe ver en una localidad se refiere a la intensidad del tráfico comercial que allí se desarrolla. Aun cuando la vaca no sea utilizada como montura, soñar que uno se encuentra encima de una vaca tranquila y que se recorre lentamente cualquier localidad es buen signo para las ganancias. Una o varias vacas flacas, desolladas o enfurecidas, son de mal augurio y predicen desdichas.

VAGÓN. Ver vagones estacionados o a punto de partir, en cualquier cabeza de línea, indica que se desea recibir noticias del soñador, que olvida escribir a los que dejó esperando. Los vagones de un tren visto en marcha anuncian la llegada de cartas, tanto más importantes cuanto más largo parezca el tren.

VAJILLA. Se dice que vender o perder la vajilla es signo de mejora de posición; romperla presagia graves contrariedades.

VARITA. Desilusión a consecuencia del descubrimiento de una cosa que se mantenía en secreto hasta el momento.

VASO. Según la tradición, el ofrecimiento de un vaso de agua promete una dicha inesperada; beberlo anuncia matrimonio.Vaso lleno: embarazo; vaso coloreado: mujer ligera; vaso roto: enfermedad para la esposa o la amante del soñador.

VELA (o cualquier tipo de alumbrado que no sea gas ni electricidad). Fuente física y moral de la que se obtiene algo; por consiguiente, puede significar una persona importante para el soñador; si éste se sirve de la palmatoria: buen signo; sise cae o se apaga: presagio inverso y fatal para el sujeto a quien representa.

VELETA. Inestabilidad de la posición.

VELLOSILLA o MIOSOTIS. Anuncia las consecuencias de un acontecimiento del pasado, el recordatorio de una promesa hecha por el soñador o algo similar.

VENTA. Sueño nefasto para los intereses del soñador; vender cualquier cosa: pérdidas de bienes. Vender un objeto que se tiene en estima: enfermedad. Consultar, así mismo, el nombre de la cosa vendida.

VENTANA. Ver pasar gente mirando a una ventana: personajes que usarán contra el durmiente los recursos de su poder. Salir por una ventana sin caer ni sentir temor: cambio de situación gracias a una iniciativa valerosa. Caída desde una ventana: perdida de situación.

VENTOSA.   Signo de enfermedad; si se parte una ventosa: muerte.

VERDUGO.   Agente de mortandad. Epidemia para el lugar donde se le vea actuando; catástrofe si se es ejecutado. (Catástrofe en potencia: no olvidemos que el sueño es una advertencia y que la fatalidad no existe más que para los inertes.) Luchar con el verdugo y salir triunfante es presentir que pronto se escapará de la muerte.

VESTIDO.   Se interpretará según su color. (Ver esa palabra.)

VIAJE.   Significación tradicional: mudanza. En todo caso, cualquier tipo de cambio en la situación del soñador.

VIAJERO.   Todo viajero visto en sueños anuncia una visita.

VÍBORA.   Como ya hemos dicho, la serpiente puede simbolizar la fuerza vital; la víbora, a causa de su carácter siniestro, indica enfermedad y accidentes físicos; anuncia una debilitación de cualquier especie.

VIDRIO.   Verlos sin colocar: visitas; vidrios sujetos por una imposta, si la luz entra a raudales: reconciliación; si el tiempo es sombrío: altercados sostenidos.

VIEJO, VEJEZ. Muy buenos sueños: ver un viejo o varias personas muy mayores indica el buen giro que toma el destino del soñador, la protección providencial y la suerte; verse viejo antes de tiempo asegura que se recuperarán sumas perdidas; también anuncia el fruto de méritos que han quedado sin recompensa hasta entonces.

VIENTO. Cuanto más violento es el viento con el que se sueña, más agitado será el período de existencia que sigue inmediatamente. Sentirse llevado por el viento sin experimentar ningún temor o, más bien, sintiendo placer, es signo de realización de las ambiciones.

VIENTRE. Está en relación con los bienes del soñador; por tanto, es excelente para él verse un vientre fuerte y grande en sueños. Verse el vientre abierto: divulgación de los secretos del durmiente; sostenerse o arrastrarse sobre el vientre: dificultades materiales; ver un vientre de hombre: indica que se le ganara en un negocio codiciado; ver un vientre de mujer: despilfarro.

VIGA. Sólida, de bonito aspecto e iluminada: seguridad; resquebrajada o rota: accidente próximo.

VINO. Ver o beber buenos vinos siempre es un buen presagio, pero el vino blanco anuncia alegrías serenas, mientras que el rojo pronostica siempre alguna lucha que sostener. El sabor de un vino agrio o alterado anuncia una enfermedad.

VIOLÍN. Véase MÚSICA. El violín escuchado en sueños presagia cosas si no tristes al menos graves: un aire fúnebre que se escucha tocado al violín es un serio augurio de próximo fallecimiento en la familia.

VISTA. La agudeza de la vista que se sueña tener indica la mayor o menor aptitud para bastarse a sí mismo sin tener necesidad de la asistencia material o moral de otro. Por tanto, es excelente soñar que se posee una vista penetrante y sobre todo que se ve más lejos y más perfectamente que otras personas. Sentirse una vista débil o nula pronostica dificultades más o menos considerables que ponen al soñador bajo el control de alguien. Ver también la palabra ojo.

VITRAL. Excelente presagio, en especial si se ve un rayo de sol filtrándose a través de las pinturas. Observar el motivo del vitral y los colores que lo iluminan. Generalmente, un vitral anuncia la paz interior y la alegría familiar.

VOLAR. Esta visión sobreviene a veces a aquellos cuyo sueño perfectamente apacible no comporta ni preocupación ni dificultad respiratoria; lo que hay que interpretar son las cosas vistas desde lo alto y la emoción experimentada al planear. Ver un país desconocido: viaje; ver la ciudad donde se vive y sentirse satisfecho de las miradas atónitas de la multitud: se subirá, se triunfará: buen presagio. Encontrarse en los aires y tener miedo: serán confiadas nuevas responsabilidades al soñador y éste temerá no poder asumirlas.

VOLCAR. Todas las veces que se sueñe volcar un objeto, debe contarse con una contrariedad inesperada tanto más grande cuanto mayor sea el valor del objeto volcado. Ver también el nombre del objeto en cuestión.

VÓMITO. Indica restitución de cosas mal adquiridas o pagos de deudas si el soñador ve a uno de sus deudores vomitando, esto significa que le pagará.

W. C. Interpretarlo en el sentido de lugar que
contiene objetos preciosos o valores (caja fuerte,
banco, etc.). De este modo, el incendio de un W. C.
significaría amenaza de pérdidas de dinero guar-
darlo en un establecimiento de crédito o en una
caja fuerte privada.

YEGUA. Representa una mujer. Se presta a todo tipo de interpretaciones análogas. Así pues, encontrarse sobre una yegua que le lleva a uno adonde bien le parece: el soñador se verá obligado por una mujer a tomar un camino desacostumbrado, aunque le pese; bajarse de la yegua, arrebatarle el enjaezamiento y abandonarla: el durmiente dejará a su mujer; correr detrás de una yegua sin poder atraparla: rebelión de la esposa, la amante, etc.

YESO. El yeso simboliza una enfermedad que está al acecho; si el yeso cae sobre uno es signo efectivo de enfermedad, cuya gravedad será proporcional a la superficie del propio cuerpo que haya quedado cubierta de yeso en sueños. Estar totalmente impregnado de yeso: muerte.

Z

ZANAHORIAS. Verlas: buen presagio; tenerlas, comerlas o poseerlas: disgustos más o menos graves, según el grosor y el número de unidades.

ZARZAS. Intenciones molestas por parte de vecinos o de colaboradores, enfados y problemas a causa de ellos. Pincharse con zarzas: agitación, vida turbulenta.

ZODIACO. Ver en sueños la imagen de uno de los doce signos zodiacales presagia siempre una noticia. Aries anuncia noticia relativa a las desavenencias personales, a los rivales y a los adversarios: Tauro: noticia relativa a los bienes raíces o a la vida íntima; Géminis: noticias de la familia del durmiente; Cáncer: noticia contradictoria, porque comporta un retraso; Leo: noticias de amigos; Virgo: noticia que se refiere a la curiosidad pura y simple; Libra: noticia que trata de la solución de asuntos pendientes y de las relaciones del soñador con la jurisprudencia; Escorpión: mala noticia relativa a una enfermedad o a un óbito; Sagitario: noticias de gentes que están de viaje; Capricornio: gran sorpresa, noticia inesperada y sorprendente; Acuario: carta o mensaje procedente de relaciones sociales importantes; por último, Piscis: cartas de un enemigo, o nuevo ataque.

ZORZAL. Presagio de robo.

ZORRO. Personaje ambicioso, celoso y envidioso que logra sus fines. El grito del zorro: rencor, resentimiento de un mentiroso. Verlo de lejos: pérdida de bienes o de un miembro. Preguntar a un zorro: enfermedad; ser llamado por él: sobreexcitación, cólera. Jugar o bromear con un zorro: matrimonio muy desgraciado. Coger un zorro que viene al encuentro del soñador: matrimonio sin amor. Combatir con un zorro: contrariar a un pariente. Comer su carne: enfermedad que será de corta duración.

ZURCIR. El mismo sentido que remendar.

ZURRÓN. Aquel que lo vea o lo lleve será víctima de una rivalidad amorosa.

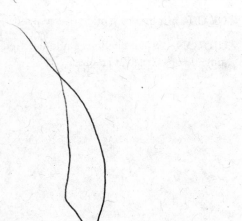

TABLA DE ESMERALDA-BOLSILLO

SELECCIÓN-EDAF

ED

973)

-273.0529

Ext.

BOLSILLO-EDAF

OBRAS DE KRISHNAMURTI

EL LIBRO DE LA VIDA.
SOBRE LAS RELACIONES.
SOBRE LA LIBERTAD.
SOBRE LA ÉTICA Y LOS MEDIOS DE VIDA.
SOBRE EL CONFLICTO.
SOBRE EL MIEDO.
SOBRE LA VERDAD.
ANTOLOGÍA BÁSICA.